DES

FORMALITÉS DU MARIAGE.

SIMPLIFIÉES

PAR LA LOI DU 20 JUIN 1896

PAR

M. LOUBAT

PROCUREUR DE LA RÉPUBLIQUE A SAINT-ÉTIENNE

CHEVALIER DE LA LÉGION D'HONNEUR

PARIS
LIBRAIRIE MARESCQ AÎNÉ
CHEVALIER-MARESCQ & Cie, ÉDITEURS
20, Rue Soufflot, 20

SAINT-ÉTIENNE
(Loire)
CHEZ L'AUTEUR

1897

DES

FORMALITÉS DU MARIAGE

DES

FORMALITÉS DU MARIAGE

SIMPLIFIÉES

PAR LA LOI DU 20 JUIN 1896

PAR

M. LOUBAT

PROCUREUR DE LA RÉPUBLIQUE A SAINT-ÉTIENNE

CHEVALIER DE LA LÉGION D'HONNEUR

PARIS
LIBRAIRIE MARESCQ AÎNÉ
CHEVALIER-MARESCQ & Cᵢₑ, ÉDITEURS
20, Rue Soufflot, 20

SAINT-ÉTIENNE
(Loire)
CHEZ L'AUTEUR

1897

INTRODUCTION

———

La loi du 20 juin 1896 est destinée à combattre, par la simplification des formalités du mariage, la diminution constante des unions légitimes et des naissances, qui a été constatée, en France, pendant ces vingt-cinq dernières années. Or, par un contraste peu flatteur pour notre amour propre national, pendant que les sources de l'espèce baissaient, chez nous, dans des proportions énormes, la population des pays voisins ne cessait d'augmenter. Il est pénible de voir, dans les statistiques, la France au dernier rang des nations de l'Europe pour le nombre des mariages et des naissances ; mais on ne guérit pas le mal en le cachant ou en se berçant d'illusions ; il est nécessaire de le montrer et d'y porter remède.

Ainsi nous avons à peine sept mariages par 1.000 habitants, tandis qu'en Russie il y en a plus de neuf, en Hongrie plus de dix, en Autriche et en Allemagne plus de huit.

Nombre des mariages, par 1.000 habitants, en Europe.

Hongrie........................... 10,1

Russie 9,2

Saxe 9,2

Autriche 8,5

Prusse............................ 8,4

Bavière........................... 8,4

Wurtemberg....................... 8,3

Bade 8,1

Angleterre........................ 7,9

Italie............................ 7,6

France 7

Jusqu'en 1890, le nombre des mariages a constamment diminué. Il était de 289.555 en 1884, et il est tombé, en 1890, à 269.332, soit une diminution de plus de 20.000 en six années (1).

Le nombre des mariages ayant baissé, celui des naissances devait suivre la même proportion, et, en moins de dix ans, il a décru de 100.000.

(1) *Nombre de mariages en France :*

1884................ 289.555
1885................ 283.170
1886................ 277.060
1888................ 276.848
1889................ 272.903
1890................ 269.332

Nombre des naissances.

1883 . . . .   937.944
1884 . . . .   937.758
1885 . . . .   924 558
1886 . . . .   912.838
1887 . . . .   899.333
1888 . . . .   882.639
1889 . . . .   880.579
1890 . . . .   838.059

A ce point de vue comme à celui du mariage, la France vient encore la dernière dans les statistiques, ainsi qu'on va le voir par le tableau suivant :

PÉRIODE DE 1865 A 1883

Naissances par 1.000 habitants.

Russie   49,5
Hongrie   42,9
Wurtemberg   42,6
Saxe   42,4
Pologne   41,9
Bavière   39,5
Prusse   38,8
Autriche   38,4
Bade   37,8
Thuringe   36,8

Italie........................... 36,9

Angleterre... 35,1

Ecosse 34,7

Alsace-Lorraine................. 34

Espagne 34

Belgique.... 31

Irlande. 26,4

France 25,2

Ce chiffre déjà si attristant de 25 naissances par 1.000 habitants s'est encore affaibli et est descendu dans les années suivantes à 24, puis à 23 par 1.000, et a même fléchi, en 1890, jusqu'à 21,8.

Il semble qu'une légère amélioration doive se produire, le nombre des naissances s'étant relevé à 874.000 en 1893. Nous sommes encore bien loin du chiffre de l'année 1883 ; mais peut-être allons-nous remonter peu à peu la pente que nous avons descendue si vite.

Si nous recherchons maintenant quel est le nombre moyen d'enfants auquel chaque mariage donne naissance, les constatations que nous ferons ne seront pas plus consolantes pour notre pays.

Nombre d'enfants par mariage.

Irlande........ 4,8

Russie.......................... 4,7

Italie........................... 4,5

Wurtemberg..................... 4,4

Ecosse 4,4

Hongrie 4,3

Norwège........................ 4,3

Suède 4,3

Prusse 4,1

Pays-Bas 4,1

Autriche........................ 3,9

Belgique........................ 3,9

Angleterre...................... 3,8

Danemarck 3,7

Bavière........................ 3,3

France 3

Une situation aussi grave, véritable péril pour la grandeur de la patrie, ne pouvait manquer d'appeler l'attention des économistes et des moralistes sur les causes du mal.

Les uns ont accusé le régime successoral établi par le Code civil, et réclamé la liberté de tester pour relever la natalité française. A leur avis, le père de famille n'ayant pas le droit de disposer de ses biens entièrement à sa guise, ni d'influer sur la direction que prennent ses enfants, ne pourrait assurer le bonheur de ses descendants qu'en en limitant le nombre (1). Cette théorie est loin d'être justifiée par les faits. Ainsi, l'Angleterre qui est le seul pays d'Europe admettant la liberté absolue de tester, n'est pas la nation la plus féconde ; elle n'a que 35 naissances par 1.000 habitants, tandis que la Russie en compte 49, la Hongrie 42 et la Prusse 38.

---

(1) *M. Le Play.* — *Les ouvriers européens.* (Monographie XVI). « Une conséquence directe de notre régime de partage, dit le même auteur *(La réforme sociale)*, est la stérilité systématique du mariage. »

Si l'on jette les yeux sur les pays d'Europe qui admettent au moins une réserve de moitié, parmi lesquels se trouvent l'Autriche, l'Italie, la Prusse, la Belgique, les Pays-Bas et la Norwège, on voit qu'ils ont tous une natalité supérieure à celle de la France. On peut donc affirmer que le Code civil n'est pas responsable de la stérilité des mariages, puisque les pays que régissent des dispositions analogues n'ont rien perdu de leur fécondité (1).

Mais, n'est-il pas piquant de remarquer que, déjà au XVIIIe siècle, Montesquieu imputait la diminution de la population qu'on avait cru constater alors, au droit d'aînesse que certains esprits réclament aujourd'hui comme un remède à la dépopulation ? (2).

Les autres ont attribué la diminution de la population au service militaire obligatoire ; mais, il est manifeste que leur opinion n'est pas plus fondée, puisque l'Allemagne où les charges militaires sont aussi fortes qu'en France, a conservé une natalité très élevée. En Belgique, au contraire, où le service militaire obligatoire n'existe pas, la natalité est plus faible qu'en Allemagne.

Pour d'autres encore, la stérilité relative de la population française serait due à l'excès des impôts. Il faut une forte dose de pessimisme pour chercher dans ce fait la cause de la diminution des mariages et de leur infécon-

____

(1) *M. Levasseur*. — *La population française*, t. III.

(2) Lettres persanes. « L'injuste droit d'aînesse, si défavorable à la propagation en ce qu'il porte l'attention du père sur un seul de ses enfants et détourne ses yeux de tous les autres ; en ce qu'il l'oblige, pour rendre solide la fortune d'un seul, de s'opposer à l'établissement de plusieurs. »

dité. Il est vrai que les ménages pauvres sont plus pro-
lifiques que les ménages riches ; mais, pense-t-on que
c'est parce qu'ils ne payent pas ou payent peu d'impôts ?
Quant aux riches, qui ont à supporter de gros impôts
dénotant, sans doute, de grosses fortunes, il est inadmissible que ce soient les quelques centaines de francs
qu'ils versent annuellement au Trésor qui les détermi-
nent à limiter le nombre de leurs enfants. Ce qui le
prouve, c'est qu'en Belgique, où les impôts ne sont pas
excessifs, la natalité est médiocre, tandis qu'elle est très
forte en Italie où l'on paye les impôts les plus élevés.

Enfin, un certain nombre de moralistes ont expliqué la
diminution de la natalité par les formalités compliquées
qui entourent le mariage et engendrent souvent des
difficultés inextricables.

« Dans bien des cas qui n'ont rien d'anormal, disait
M. Félix Le Roy dans l'exposé des motifs de sa proposition
de loi (1), le nombre de démarches et d'actes que ce contrat
nécessite, sans parler des frais, est tel qu'il finit par lasser
la patience des futurs époux. Ceux-ci se résignent à une
cohabitation qui, dans leur pensée, doit être plus tard
régularisée, mais qui, en fait, n'est que trop souvent
brisée par l'abandon. Le mariage, on l'a dit très justement,
est un luxe pour les classes pauvres, luxe de temps, luxe
d'argent, qui n'est pas à la portée de tous. Et cependant
est-il un droit plus naturel et plus sacré que celui de se
marier ? »

____

(1) Proposition de loi de M. Félix Le Roy du 2 juillet 1888. *Journal
officiel*, mars 1889, Chambre des députés, doc. parl., annexe n° 204,
annexe 1.

Loin de faciliter le mariage, le Code civil l'entrave plutôt par l'excès des garanties et des formalités qu'il exige : l'obligation d'une résidence prolongée dans le même lieu, la nécessité du consentement ou de l'avis des parents dans tous les cas, les publications multiples et répétées, etc., etc., sont autant d'obstacles accumulés devant celui qui aspire à contracter une union régulière. Quand ils n'empêchent pas le mariage, ils le retardent et le rendent ainsi moins fécond. Aussi tandis que l'âge moyen de ceux qui se marient est de 25 ans pour les garçons et de 21 ans pour les filles en Angleterre, il est, en France, de 29 ans pour les premiers et de 25 ans pour les secondes. Sans tomber dans les abus du mariage à l'américaine, il est nécessaire de simplifier la procédure matrimoniale en la dégageant de tout ce qui la complique inutilement.

Il est difficile de voir dans les formalités légales la cause prédominante de la diminution des mariages ; néanmoins ces critiques ne sont pas dénuées de fondement, car la loi française est formaliste à l'excès et a conservé à l'autorité paternelle des droits incompatibles avec la liberté individuelle et la nécessité sociale de rendre le mariage facile. Ainsi, pour prendre un exemple, il résulte des art. 166, 167 et 168 du Code civil, que les publications de mariage peuvent être nécessaires dans huit communes différentes, chacun des futurs pouvant avoir un domicile légal et un domicile matrimonial établi par six mois de résidence, puis deux ascendants domiciliés séparément, ce qui peut porter à quatre pour chacune des parties et, par conséquent, à huit pour elles deux, les communes où les publications doivent être faites, soit, en tout, seize publications. N'est-ce pas un luxe inutile, et ne pourrait-on pas dispenser des publications au domicile des parents sous la puissance desquels se trouvent les futurs, comme cela s'est fait en Belgique? Enfin les doubles publications sont-elles bien utiles et n'occasionnent-elles pas un retard et une complication qu'on pourrait éviter?

Du moins lorsque la situation des futurs, au point de vue de l'état civil, est normale, les formalités sont faciles à remplir avec un peu de patience. Mais supposons, par exemple, que l'un des futurs ne retrouve pas son acte de naissance, ou ignore même le lieu où il est né. Alors commencent, avec de longues formalités, les véritables difficultés. Il devra produire un acte de notoriété contenant la déclaration faite par sept témoins des prénoms, noms, professions et domiciles du futur époux et de ses père et mère s'ils sont connus, le lieu et autant que possible, l'époque de sa naissance et les causes qui empêchent d'en rapporter l'acte. Cet acte dressé par le juge de paix du canton de la naissance ou par celui du domicile du futur, sera soumis au tribunal de l'arrondissement dans lequel doit se célébrer le mariage, pour en obtenir l'homologation. Combien d'obstacles à chaque pas de cette procédure! Où prendre ces sept témoins aptes à justifier de l'époque de la naissance? Comment les trouvera-t-il celui qui ne saurait même dire le lieu où il est né? Perdu dans une grande ville où il ne connaît guère que ses compagnons de travail, l'ouvrier pourra-t-il se conformer à toutes ces exigences de la loi, si personne ne vient à son aide? Comment s'y prendra-t-il pour poursuivre l'homologation de l'acte de notoriété, à qui s'adressera-t-il? S'il

est indigent, le parquet fera, d'office, cette formalité ;
mais il devra préalablement justifier de son indigence, se
procurer le certificat du percepteur, puis se faire délivrer
une attestation par le maire ou le commissaire de police,
et enfin obtenir le visa du juge de paix. Si le futur n'est
pas indigent, ou plutôt s'il paie plus de 10 francs d'impôts,
il faudra qu'il poursuive lui-même l'homologation, à ses
frais, qu'il s'adresse à un avoué, peut-être à un agent
d'affaires, qui lui servira de coûteux intermédiaire.
Que de temps, que de salaires perdus par toutes ces
démarches ! Hélas ! Beaucoup se seront découragés en
chemin s'ils n'ont pas rencontré une main secourable
pour les guider !

Malgré toutes ces complications dont plusieurs pourraient être simplifiées, ce n'est pas là qu'il faut chercher
les véritables motifs de l'affaiblissement du nombre des
mariages. Avec la plupart des économistes, nous les voyons
dans l'état de nos mœurs. A notre époque, il est de plus
en plus difficile d'arriver à une position et c'est à peine si,
à la trentième année, un jeune homme est parvenu à se
créer des moyens d'existence ; il retarde donc son mariage
jusqu'à ce que ses ressources lui permettent d'élever une
famille et, pour beaucoup, grâce à la surproduction d'ingé-
nieurs, d'avocats, de médecins et de candidats fonctionnaires, cette heure ne viendra jamais. D'autre part, la
préoccupation dominante chez beaucoup de parents d'équi-
librer les fortunes ou la recherche par certains jeunes gens
d'un riche mariage, sont une nouvelle cause de retard,
quelquefois même d'empêchement. Les Américains sont
certainement les hommes les plus ardents à la poursuite

de la fortune, mais ils n'asservissent pas leur mariage à cette considération, comme la bourgeoisie française.

La richesse, l'aisance, le bien-être, l'égoïsme et la crainte d'être obligé de réduire son train de maison, l'affection exagérée des enfants et le désir de leur laisser une situation brillante ou avantageuse sont des causes fréquentes de la stérilité relative des mariages (1). Les enfants nés dans ce milieu, élevés dans ces habitudes, acquièrent un goût de luxe qu'ils ne pourraient pas soutenir dans leur ménage et s'abstiennent de se marier plutôt que de s'exposer à la privation (2).

Les catastrophes financières et industrielles qui ont éclaté, en France, pendant ce dernier quart de siècle, faisant des brèches profondes dans un grand nombre de fortunes, ne sont probablement pas étrangères non plus à l'affaiblissement de la nuptialité et de la natalité. On peut y ajouter aussi la diminution progressive des revenus par l'abaissement du taux de l'argent correspondant avec les besoins toujours croissants de la vie.

Enfin le relâchement des mœurs est un ennemi non moins redoutable du mariage. La débauche dégrade l'homme et la femme, avilit l'amour sacré, ruine la santé et épuise la race. Le concubinage est la contrefaçon du mariage, et tandis que le but de l'union conjugale est de créer une souche dont les rejetons perpétueront le nom et l'espèce, la raison du concubinage est la stérilité

(1) H. Passy, Mémoire lu à l'Académie des sciences morales et politiques, en 1839.

(2) Levasseur, *La Population française*, t. III, p. 181. M. Charles Ferry, Chambre des députés, *Journ. offic.*, séance du 2 avril 1895, p. 1175.

forcée. Né d'un caprice il veut avoir le droit de se dissoudre avec lui par l'abandon ; union libre, dégagée de tout lien légal, il s'oppose aux liens naturels que crée la naissance des enfants, bonheur dans le mariage, désastre dans le concubinage. On peut donc justement dire, en cette matière, que la réforme des mœurs serait plus efficace que la réforme des lois.

Cependant, les législations les plus anciennes donnent l'exemple de l'encouragement public au mariage et à la procréation des enfants. Les Chinois, dont les traditions et les mœurs ont leurs racines dans une antiquité très reculée, les anciens Egyptiens, les Indiens, les Perses, considéraient comme un déshonneur de n'avoir pas d'enfants et estimaient comme leur plus grand mérite d'en avoir beaucoup.

Plutarque nous apprend qu'à Sparte les célibataires étaient exclus de certains honneurs. « C'est un crime, disait Platon, de se refuser à prendre femme. Quiconque négligera ce soin paiera chaque année une amende, afin qu'il ne s'imagine pas que le célibat soit un état commode et avantageux. » (1)

Rome décimée par la guerre et les proscriptions, dut prendre des mesures pour encourager le mariage. Les censeurs Camille et Posthumius obligèrent les célibataires à payer une somme d'argent « au profit de la Grande Famille. » (2). Par les lois *Julia* et *Papia Poppea*, César et Auguste accordèrent de grandes faveurs aux citoyens ayant

(1) *Les lois*, p. 721.
(2) Denys d'Halicarnasse, IX, II, 9.

de nombreux enfants et frappèrent les célibataires et les époux sans enfants de l'interdiction de recevoir des héritages et des legs d'un étranger, ce qui fit dire à Plutarque (1) que les Romains se mariaient pour être héritiers et non pour avoir des héritiers (2).

Dans les temps modernes on s'est également préoccupé de favoriser la procréation des enfants. C'est ainsi que nous voyons Louis XIV demander si le nombre de ses sujets s'augmentait. « La curiosité de S. M., dit Colbert, ne consistait pas seulement à être informée de l'augmentation, mais même à avoir une connaissance de sa puissance par cette augmentation. » (3). Par un édit de 1666 il exempta de la taille et de toutes charges les hommes qui se mariaient avant vingt ans, et les pères de dix enfants vivants, non prêtres ou religieux, ou ayant donné le jour à douze enfants ; il accorda une pension de 1.000 livres aux nobles qui avaient dix enfants, et de 2.000 à ceux qui en avaient douze. L'année suivante ces faveurs furent accordées sans distinction de classe.

La Révolution française ne donna pas de pensions aux

(1) Plutarque, *De l'amour des pères envers leurs enfants.*

(2) Les gens mariés qui avaient le plus grand nombre d'enfants étaient toujours préférés soit dans la poursuite des honneurs, soit dans l'exercice de ces honneurs mêmes. Le Consul qui avait le plus d'enfants prenait le premier les faisceaux ; il avait le choix des provinces ; le Sénateur qui avait le plus d'enfants était inscrit le premier sur la liste du Sénat et donnait son avis le premier. Chaque enfant valait une dispense d'un an aux candidats à certains honneurs pour lesquels un minimum d'âge était fixé. Si l'on avait trois enfants on était exempt de toutes charges personnelles. Enfin les magistrats avaient le droit de contraindre les parents à marier leurs enfants et à doter leurs filles.

(3) *Lettres, instructions et mémoires de Colbert,* t. VI, p. 13.

parents ayant le plus d'enfants, mais elle frappa les célibataires d'impôts spéciaux et diminua la taxe de loyer des pères de plus de trois enfants.

Napoléon, grand destructeur d'hommes, songea lui aussi à faire monter la moisson qu'il s'entendait si bien à faucher ; il essaya d'encourager la propagation de l'espèce. Par la loi du 29 nivôse an XIII, Il accorda aux pères de plus de sept enfants mâles le droit d'en désigner un qui serait élevé aux frais de l'Etat, et, par un décret postérieur, il décida que le sixième enfant des familles pauvres serait à la charge de l'Etat. Il est inutile de dire qu'une pareille disposition n'était pas de taille à combler les immenses vides faits dans la population par le conquérant.

La législation française actuelle ne contient aucun encouragement sérieux au mariage ou à la multiplication des naissances. En 1878, M. Laroche-Joubert présenta à la Chambre des députés un projet de loi portant que tout français (non ministre du culte ou infirme), serait, de 26 à 40 ans, déchu de ses droits électoraux jusqu'à ce qu'il eût contracté mariage.

En 1883, M. Vacher proposa, dans un projet de loi, de porter du simple au double les droits d'enregistrement pour les célibataires, de faire élever aux frais de l'Etat l'un des six enfants vivants d'une même famille, et d'obliger les communes à assister les filles-mères qui voudraient élever leurs enfants.

Aucune de ces propositions ne fut sanctionnée par le législateur et, seule, la loi du 17 juillet 1887 exempta de la contribution personnelle et mobilière les parents ayant sept enfants vivants, légitimes ou reconnus. Mais le nombre des exempts approcha de 150.000, les riches ayant profité de la dispense comme les pauvres ; aussi la loi du 8 août 1890 limita l'exemption aux père et mère de sept enfants vivants, mineurs, légitimes ou reconnus, payant une contribution personnelle-mobilière de 10 francs et au-dessous en principal.

C'est plutôt un subside que la loi française accorde aux nécessiteux chargés de famille qu'un encouragement à la natalité. Faut-Il regretter cette lacune dans notre législation ? Non. Pour conjurer le fléau qui s'est attaché aux flancs de la patrie, les faveurs légales seront à peu près impuissantes ; « les mœurs sont plus fortes. » (1). On pourrait imposer les célibataires, accorder des privilèges aux parents ayant une nombreuse lignée, il n'y aurait pas beaucoup plus de mariages ni de naissances. Les seuls moyens pratiques sont de faciliter l'union conjugale en l'affranchissant résolument des formalités inutiles, et de réduire le plus possible la mortalité par le développement de l'hygiène publique, la préservation contre les épidémies et la protection sévère des enfants en bas âge.

(1) Levasseur, *loc. cit.*

LOI DU 20 JUIN 1896

portant modification de plusieurs dispositions légales

relatives au mariage,

dans le but de le rendre plus facile. [1]

Article premier. — L'article 73 du C. civ. est ainsi modifié :

« Art. 73. — L'acte authentique du consentement des père et mère ou aïeuls et aïeules, ou, à leur défaut, celui de la famille, contiendra les prénoms, noms, professions et domiciles du futur époux et de tous ceux qui auront concouru à l'acte, ainsi que leur degré de parenté.

« Hors le cas prévu par l'article 160, cet acte de consentement pourra être donné, soit devant un notaire, soit devant l'officier de l'état civil du domicile de l'ascendant, et, à l'étranger, devant les agents diplomatiques ou consulaires français. »

Article 2. — L'article 151 du C. civ. est ainsi modifié .

« Art. 151. — Les enfants de famille ayant atteint la majorité fixée par l'article 148 sont tenus, avant de contracter

---

[1] *Journal officiel* du 24 juin 1896.

mariage, de demander, par acte respectueux et formel, le conseil de leur père et de leur mère ou celui de leurs aïeuls et aïeules, lorsque leurs père et mère sont décédés ou dans l'impossibilité de manifester leur volonté.

« Il pourra être, à défaut de consentement sur l'acte respectueux, passé outre, un mois après, à la célébration du mariage. »

Article 3. — L'article 152 du C. civ. est ainsi remplacé :

« Art. 152. — S'il y a dissentiment entre des parents divorcés ou séparés de corps, le consentement de celui des deux époux au profit duquel le divorce ou la séparation aura été prononcé et qui aura obtenu la garde de l'enfant, suffira. »

Article 4. — L'article 153 du C. civ. est ainsi remplacé :

« Art. 153. — Sera assimilé à l'ascendant dans l'impossibilité de manifester sa volonté, l'ascendant subissant la peine de la relégation ou maintenu aux colonies en conformité de l'article 6 de la loi du 30 mai 1854 sur l'exécution de la peine des travaux forcés. Toutefois, les futurs époux auront toujours le droit de solliciter et de produire à l'officier de l'état civil le consentement donné par cet ascendant. »

Article 5. — Les dispositions suivantes sont ajoutées à l'article 155 du C. civ. :

« Il n'est pas nécessaire de produire les actes de décès des père et mère des futurs mariés lorsque les aïeuls ou aïeules, pour la branche à laquelle ils appartiennent, attestent ce décès ; et, dans ce cas, il doit être fait mention de leur attestation dans l'acte de mariage.

« Si les ascendants dont le consentement ou conseil est requis sont décédés et si l'on est dans l'impossibilité de produire l'acte de décès ou la preuve de leur absence, faute de connaître leur dernier domicile, il sera procédé à la célébration du mariage des majeurs sur leur déclaration à serment que le lieu du décès et celui ·du dernier domicile de leurs ascendants leur sont inconnus.

« Cette déclaration doit être certifiée aussi par serment des quatre témoins de l'acte de mariage, lesquels affirment que, quoiqu'ils connaissent les futurs époux, ils ignorent le lieu du décès de leurs ascendants et de leur dernier domicile. Les officiers de l'état civil doivent faire mention dans l'acte de mariage, des dites déclarations. »

Article 6. — L'article 4 de la loi du 10 décembre 1850 est ainsi modifié :

« ART. 4. — Les extraits des registres de l'état civil, les actes de notoriété, respectueux, de consentement, de publications, de délibérations du conseil de famille, les certificats de libération du service militaire, les dispenses pour cause de parenté, d'alliance ou d'âge, les actes de reconnaissance des enfants naturels, les actes de procédure, les jugements et arrêts dont la production sera nécessaire dans le cas prévu par l'article premier, seront visés pour timbre et enregistrés gratis, lorsqu'il y aura lieu à enregistrement.

« Il ne sera perçu aucun droit de greffe, ni aucun droit de sceau au profit du Trésor sur les minutes et originaux, ainsi que sur les copies ou expéditions qui en seraient passibles.

« L'obligation du visa pour timbre n'est pas applicable aux publications civiles ni aux certificats constatant la célébration civile du mariage.

« Les actes respectueux comme les actes de consentement seront exempts de tous droits, frais et honoraires, à l'égard des officiers ministériels qui les recevront ; il en sera de même, pour les actes de consentement reçus, à l'étranger, par les agents diplomatiques ou consulaires français. »

Article 7. — L'article 179 du C. civ. est ainsi complété :

« Les jugements et arrêts par défaut, rejetant les oppositions à mariage, ne sont pas susceptibles d'opposition. »

Article 8. — Les dispositions de la présente loi sont applicables à l'Algérie, ainsi qu'aux colonies de la Guadeloupe, de la Martinique et de la Réunion.

CHAPITRE I

De la forme du consentement.

ARTICLE PREMIER

L'article 73 du C. civ. est ainsi modifié :

« ARTICLE 73. — *L'acte authentique du consentement des père et mère ou aïeuls et aïeules, ou, à leur défaut, celui de la famille, contiendra les prénoms, noms, professions et domiciles du futur époux et de tous ceux qui auront concouru à l'acte, ainsi que leur degré de parenté.*

« *Hors le cas prévu par l'art. 160, cet acte de consentement pourra être donné, soit devant un notaire, soit devant l'officier de l'état civil du domicile de l'ascendant, et, à l'étranger, devant les agents diplomatiques ou consulaires français.* »

La loi du 20 juin 1896 n'a rien changé aux règles du consentement des ascendants au mariage ; mais, pour la présenter dans son cadre naturel, il n'est peut-être pas inutile de rappeler brièvement les principes sur cette matière.

§ 1er. — Du consentement des ascendants.

1. — Le Code civil oblige tous ceux qui veulent contracter mariage à obtenir le consentement ou, après un âge déterminé, à demander le conseil de leurs ascendants ; les mineurs de vingt et un ans qui n'ont pas d'ascendants vivants doivent obtenir le consentement du conseil de famille. Du vivant des ascendants, le mariage n'est donc jamais entièrement libre quel que soit l'âge des futurs.

Aux termes de l'art. 148 C. civ., le fils qui n'a pas atteint l'âge de vingt-cinq ans et la fille mineure de vingt et un ans, ne peuvent pas contracter mariage sans le consentement de leurs père et mère.

2. — En cas de dissentiment entre le père et la mère, la loi accorde la prépondérance à celui qui exerce la puissance paternelle et la puissance maritale : le consentement du père l'emporte sur la volonté de la mère. (Art. 148 C. civ.)

Mais de ce que le consentement du père est suffisant, dans cette hypothèse, il ne faut pas conclure que l'enfant n'a à produire que le consentement de son père ; il doit justifier aussi qu'il a demandé le consentement de sa mère et que celle-ci l'a refusé.

3. — Par quels moyens cette preuve sera-t-elle faite ? D'abord, la mère peut comparaître à l'acte de mariage et faire connaître son refus ; ou bien, si elle n'y assiste pas, ainsi qu'il arrivera le plus souvent, son refus pourra être constaté par un acte notarié. Mais si la mère ne veut comparaître ni à l'acte de mariage ni devant un notaire, comment se constatera le dissentiment? La loi ne prescrit aucune forme spéciale à cet égard ; elle exige seulement que la preuve de la demande du consentement et du désaccord soit rapportée d'une manière indiscutable. (Tribunal de la Seine, 6 juillet 1876. D. P. 77.3.92.)

4. — Cependant plusieurs auteurs enseignent que le refus de la mère ne peut être prouvé que par un acte respectueux notifié par un notaire dans la forme de l'art. 154 C. civ. Il ne s'agit pas, disent-ils, de demandor le consentement de la mère, puisqu'on peut s'en passer, mais seulement son conseil, comme pour les majeurs de vingt-cinq et vingt et un ans ; or, les notaires ont seuls qualité pour présenter une pareille demande (1).

Cette opinion ne nous paraît pas devoir être suivie. Il y a, en effet, une différence considérable entre l'acte respectueux adressé à la mère et la constatation de son désaccord avec le père. Ce sont deux choses distinctes dont l'une s'applique au mariage des majeurs, l'autre à celui des mineurs, et, si la loi a attribué une compétence exclusive aux notaires pour signifier l'acte respectueux, il n'y a aucune raison de décider qu'ils pourront seuls aussi constater le refus du consentement de la mère. On serait, au contraire, tenté de contester radicalement leur compétence sur ce point, pour la raison que c'est tout à fait exceptionnellement que le Code civil les a chargés de notifier l'acte respectueux, et que cette compétence toute spéciale ne peut pas être étendue à d'autres actes. Mais nous n'irons pas jusque là et nous admettrons que le dissentiment de la

____

(1) Demolombe, t. III, n. 38 ; Baudry-Lacantinerie, t. I, n. 427.

mère peut, en l'absence de toute prescription de la loi, être établi par tous les moyens capables d'éclairer d'une manière indiscutable la religion de l'officier de l'état civil.

5. — L'esprit bureaucratique et paperassier dont nous sommes généralement imbus, a une tendance à exiger des procédures compliquées là où l'on pourrait se contenter de documents très simples. Ainsi pourquoi obliger les futurs à mettre un notaire en mouvement pour constater le refus du consentement de la mère, ainsi que l'exige M. Demolombe, ou un huissier comme le demandent d'autres auteurs ? (Laurent, t. II, n. 312 ; Huc, t. II, n. 35). Assurément ces modes de constatation sont ceux qui offrent le plus de garanties, mais nous croyons qu'on peut en admettre d'autres plus simples et moins coûteux.

6. — Le maire du domicile de l'ascendant qui est chargé par la loi du 20 juin 1896 de recevoir le consentement, ne pourrait-il pas constater le refus de la mère ? Le procès-verbal qu'il dresserait ne présenterait-il pas une garantie suffisante ? En ce qui nous concerne nous n'hésiterions pas à l'accepter aussi bien qu'un acte notarié ou un exploit d'huissier. En effet, puisque la loi reconnaît au maire les qualités requises pour recevoir le consentement, on ne saurait les lui refuser pour constater le refus.

7. — Une lettre missive de la mère nous paraîtrait même suffisante pourvu que la signature fût régulièrement légalisée.

8. — En résumé, le futur doit justifier d'une manière certaine du dissentiment de la mère, et il appartient à l'officier de l'état civil d'apprécier, sous sa responsabilité, si la justification qui lui est présentée est suffisante pour qu'il puisse passer outre au mariage sur l'unique consentement du père.

9. — Les ascendants déchus de la puissance paternelle en vertu de la loi du 24 juillet 1889 sur les enfants maltraités ou moralement abandonnés, sont privés du droit de consentir au mariage de leurs enfants, et leurs droits sont exercés par les mêmes personnes que s'ils étaient décédés. Toutefois lorsque des mineurs de seize ans ont été confiés par leurs parents à des établissements d'assistance publique, à des associations de bienfaisance ou à des particuliers, si les parents refusent de consentir au mariage, l'assistance publique peut les faire citer devant le tribunal qui donne ou refuse le consentement, les parents entendus ou dûment appelés en chambre du conseil. Dans ce cas, l'enfant doit produire un extrait du jugement. (Art. 1er et 17 de la loi du 24 juillet 1889.)

10. — Nous avons supposé jusqu'ici que les père et mère sont vivants et en état de faire connaître leur volonté. Mais, si l'un des deux est mort ou dans l'impossibilité de manifester sa volonté, le consentement de l'autre suffit. (Art. 149 C. civ.)

Il n'y a pas de difficultés pour le cas où l'un des deux ascendants est décédé : le futur n'a qu'à justifier du décès en produisant une expédition de l'acte de l'état civil.

11. — Si le lieu du décès est inconnu ou s'il est impossible de se procurer l'acte de décès, comment y suppléera-t-on ? Les auteurs sont divisés sur cette question ; mais la plupart admettent que, dans ce cas, on peut appliquer par analogie l'avis du Conseil d'Etat du 4 thermidor an XIII (aujourd'hui article 155 C. civ.), qui décide que l'attestation du décès des père et mère faite dans l'acte de mariage par les aïeul et aïeule, dispense de produire l'acte de décès des père et mère. On en conclut que lorsqu'il n'est pas possible de produire l'acte du décès du père ou de la mère, l'attestation qui en est faite dans l'acte de mariage, par le survivant, dispense d'en rapporter l'acte. Il est vrai que l'avis du Conseil d'Etat ne s'applique qu'au mariage des majeurs, mais il a été étendu par la doctrine, avec raison selon nous, au mariage des mineurs, ses considérants encourageant les officiers de l'état civil à interpréter la loi dans un sens favorable aux mariages. (Voir *infrà*, chap. V.)

12. — Les cas dans lesquels il y a impossibilité pour le père ou la mère de manifester leur volonté n'ont pas été déterminés par la loi et, par suite, il y a là une simple question de fait laissée à l'appréciation des officiers de l'état civil. Le plus fréquent est celui de l'absence qui peut être déclarée par les tribunaux ou bien seulement présumée. Si elle est déclarée, la décision de justice justifie de l'impossibilité de manifester la volonté et il suffit d'en produire l'expédition à l'officier de l'état civil.

13. — Si la procédure pour la déclaration d'absence n'est pas terminée, c'est-à-dire, si l'enquête prescrite par la loi pour arriver à la constatation de l'absence, a été seulement ordonnée, il y a lieu de présenter à l'officier de l'état civil l'expédition du jugement.

14. — Enfin, si le jugement préparatoire n'a pas été rendu et que le père ou la mère ait disparu de son domicile, comment s'établira l'impossibilité pour cet ascendant de manifester sa volonté ? Ici encore les auteurs se sont divisés, les uns exigeant que le futur s'adresse aux tribunaux pour faire déclarer l'absence, les autres admettant que la preuve de l'absence peut se faire suivant le mode tracé par l'art. 155 C. civ., et c'est la solution que nous n'hésitons pas à adopter comme la plus propre à faciliter le mariage. Or, que dit l'article 155 ? Il décide que dans le cas d'absence de l'ascendant auquel il doit être fait un acte respectueux, et s'il n'y a ni jugement déclaratif d'absence, ni jugement ordonnant l'enquête, comme dans l'hypothèse qui nous occupe, l'impossibilité de signifier un acte respectueux sera établie par un acte de notoriété dressé par le juge de paix du lieu où l'ascendant a eu son dernier domicile connu, et contenant la déclaration de quatre témoins appelés d'office par le juge de paix. Que si le lieu du dernier domicile est inconnu, l'avis du Conseil d'Etat du 4 thermidor an XIII (aujourd'hui annexé à l'article 155), autorise à suppléer l'acte de notoriété par la déclaration sous serment des futurs époux et des quatre témoins que le lieu du dernier domicile de l'ascendant leur est inconnu. L'article 155 et l'avis du Conseil d'Etat ne s'appliquent sans doute, ainsi que nous l'avons déjà dit, qu'au mariage des majeurs ; mais il n'y a aucune distinction à faire entre le cas où les futurs sont mineurs et celui où ils sont majeurs.

En conséquence, si l'un des ascendants est en état d'absence présumée et que le lieu de son dernier domicile soit inconnu, nous pensons que l'officier de l'état civil doit passer outre au mariage sur la déclaration assermentée des futurs et des quatre témoins que le lieu du dernier domicile de l'ascendant leur est inconnu, et cette déclaration doit être mentionnée dans l'acte de mariage. (Voir *infrà*, chap. V.)

15. — On s'est demandé si l'impossibilité de manifester la volonté peut résulter de l'éloignement. Dans cette hypothèse, l'existence de l'ascendant est certaine, mais on suppose qu'il se trouve dans un lieu où il est impossible de communiquer avec lui, ou bien dans lequel il n'a pas les moyens de faire constater régulièrement son consentement ou son refus. C'est, par exemple, un explorateur au cours d'un long voyage sur terre ou sur mer. Pendant plusieurs années, peut-être, toute communication avec le monde civilisé est rompue pour lui ; du sein des terres africaines ou des mers polaires, il lui est impossible de manifester sa volonté sur le mariage de ses enfants. Cette impossibilité permettra-t-elle de passer outre au mariage ? Certainement non. Le contraire aboutirait à priver des droits de puissance paternelle et à supprimer temporairement de sa famille celui que l'amour de la science, de l'humanité ou les nécessités de son commerce, auraient conduit aux expéditions les plus lointaines. Il faudra donc que ses enfants attendent, pour contracter mariage, son consentement ou son retour.

16. — Il en serait de même si l'ascendant se trouvait dans un lieu avec lequel les communications seraient interrompues soit par la guerre, soit autrement.

17. — L'interdiction judiciaire met incontestablement les ascendants dans l'impossibilité de manifester leur volonté. Si le père ou la mère est interdit pour cause d'imbécillité, de démence ou de fureur, la représentation du jugement prononçant l'interdiction est suffisante pour procéder au mariage avec le consentement de l'autre époux. Cependant l'interdit pourrait valablement consentir au mariage s'il se trouvait dans un intervalle lucide.

18. — L'aliéné non interdit pourra également donner son consentement dans un intervalle lucide ; mais, hors de là, il n'est pas en état de manifester sa volonté. Comment le prouvera-t-on ? S'il est placé dans un asile d'aliénés public ou privé, un certificat du directeur de l'établissement constatant l'admission sera suffisant.

19. — S'il est resté dans sa famille, comment se fera la preuve de l'impossibilité de manifester sa volonté ? Suivant quelques auteurs on doit recourir soit à l'interdiction, soit à l'internement, soit à un acte de notoriété. D'autres pensent que c'est trop ou trop peu et qu'il convient de faire constater l'aliénation mentale par les tribunaux ; ils allèguent notamment que l'interdiction ou l'internement obligeraient à divulguer une situation que les familles cachent avec soin, principalement au moment du mariage d'un de leurs membres (1). Mais la constatation qu'ils proposent de demander à la justice n'offrirait-elle pas les mêmes inconvénients ? Le Tribunal ne serait-il pas obligé de nommer des experts ou de faire comparaître l'aliéné en personne, et tout cela pourrait-il se faire sans bruit? Enfin pourquoi obliger les futurs à une procédure coûteuse que la loi n'exige pas? Il nous semble donc inutile de s'adresser aux tribunaux, et c'est encore à l'art. 155 C. civ. que, par analogie, nous demandons la solution. En cas d'absence d'un ascendant, nous le savons, cet article stipule que le

____

(1) Demolombe, t. III, n. 43; Laurent, t. II, n. 314.

mariage sera célébré sur la production du jugement déclarant l'absence ou ordonnant l'enquête et, à défaut de ce jugement, sur un acte de notoriété. Or, si un acte de notoriété est suffisant pour suppléer à un jugement déclaratif d'absence de l'un des ascendants, pourquoi ne pourrait-il pas suffire lorsqu'il s'agit d'établir l'aliénation mentale ? Dans la pratique, on se contente fréquemment d'un certificat médical ; mais nous n'autoriserions ce mode de preuve qu'autant que l'aliénation mentale est à la connaissance personnelle de l'officier de l'état civil. Dans tout autre cas, il serait dangereux de s'en rapporter à ce certificat, et nous sommes d'avis qu'un acte de notoriété est indispensable.

20. — L'ascendant en état d'interdiction légale, (conséquence d'une condamnation aux travaux forcés à perpétuité ou à temps, à la détention ou à la réclusion), est il dans l'impossibilité de donner son consentement ? Le Code pénal ne précise pas les effets de l'interdiction légale qui s'ajoute à la dégradation civique pour les condamnés à une peine afflictive et infamante ; aussi quelques auteurs en ont conclu que le condamné frappé d'interdiction légale est incapable de manifester sa volonté. « Il me semble, dit M. Demolombe, que la loi a dû nécessairement suspendre, dans la personne du condamné qui est sous le poids d'une peine afflictive et infamante, l'exercice de cette espèce de magistrature domestique. » (1).

Cette opinion ne nous paraît pas pouvoir être admise, surtout depuis la loi du 24 juillet 1889 sur la déchéance de

______

(1) Duranton, t. II, n. 20 ; Vazeille, t. I, n. 124 ; Aubry et Rau, t. V, § 462, p. 73, texte et note 30 ; Demolombe, t. III, n. 44.

la puissance paternelle. En effet, l'art. 29 C. p. dit seulement qu'il sera nommé un tuteur et un subrogé-tuteur au condamné pour gérer et administrer ses biens, d'où il semble résulter que l'interdiction légale n'est pas autre chose qu'une véritable suspension du droit de propriété (1). L'incapacité de consentir ne provient pas davantage de la dégradation civique, l'art. 34 C. p. ne mentionnant pas cette déchéance dans l'énumération qu'il contient. Or, les incapacités sont de stricte interprétation et aucun texte ne déclare l'interdit légal incapable de manifester sa volonté. Enfin la loi du 24 juillet 1889 est venue confirmer cette manière de voir et faire disparaître toute incertitude sur la question.

L'article 1er de cette loi détermine les cas dans lesquels la déchéance de la puissance paternelle est encourue de plein droit contre les père et mère. Ce sont les suivants : 1º une condamnation par application du § 2 de l'art. 334 du Code pénal, c'est-à-dire pour excitation habituelle à la débauche de leurs propres enfants mineurs ; 2º une condamnation comme auteurs, coauteurs ou complices d'un crime commis par un ou plusieurs de leurs enfants ; 3º deux condamnations comme auteurs, coauteurs ou complices d'un délit commis sur la personne d'un ou plusieurs de leurs enfants ; 4º deux condamnations pour excitation habituelle de mineurs à la débauche. Tous ces condamnés sont de plein droit dans l'incapacité légale de manifester leur volonté sur le mariage de leurs enfants.

L'art. 2 fixe, au contraire, les cas dans lesquels la

(1) F. Hélie, *Pratique crim.*, nº 40.

déchéance de la puissance paternelle est seulement facultative. « *Peuvent être déclarés déchus des mêmes droits*, dit cet article : 1º les père et mère condamnés *aux travaux forcés à perpétuité ou à temps, ou à la réclusion* comme auteurs, coauteurs ou complices d'un crime autre que ceux prévus par les art. 86 à 101 du Code pénal, (crimes contre la sûreté intérieure de l'Etat) ; 2º les père et mère condamnés deux fois pour un des faits suivants : séquestration, suppression, exposition ou abandon d'enfants ou pour vagabondage ; 3º les père et mère condamnés par application de l'art. 2, § 2, de la loi du 23 janvier 1873, (troisième condamnation pour ivresse), ou des art. 1, 2 et 3 de la loi du 7 décembre 1874 relative à la protection des enfants employés dans les professions ambulantes ; 4º les père et mère condamnés une première fois pour excitation habituelle de mineurs à la débauche ; 5º les père et mère dont les enfants ont été conduits dans une maison de correction par application de l'art. 46 du Code pénal ; 6º en dehors de toute condamnation, les père et mère qui par leur ivrognerie habituelle, leur inconduite notoire et scandaleuse ou par de mauvais traitements, compromettent soit la santé, soit la sécurité, soit la moralité de leurs enfants. » Ainsi qu'on le voit, les condamnés à une peine afflictive et infamante, bien que se trouvant en état d'interdiction légale, ne sont pas de plein droit privés de la puissance paternelle. Cette déchéance est simplement facultative pour les tribunaux. Si elle a été prononcée, le futur doit représenter le jugement ou l'arrêt à l'officier de l'état civil, et il en est de même chaque fois qu'elle l'a été, en vertu des §§ 2, 3, 4, 5 et 6 de l'article 2.

Il s'ensuit que si la déchéance de la puissance paternelle n'a pas été une conséquence forcée de la condamnation, (art. 1er de la loi du 24 juillet 1889), ou si elle n'a pas été prononcée ultérieurement, (art. 2), le consentement de l'ascendant condamné à une peine afflictive et infamante sera nécessaire; et si c'est le père qui se trouve dans ce cas, son consentement prévaudra, s'il y a conflit, contre le refus de la mère.

Ce résultat est regrettable. Le père condamné aux travaux forcés ou a la réclusion est indigne d'exercer cette magistrature paternelle dont parle M. Demolombe, consistant à autoriser ou à empêcher le mariage de ses enfants ; dépouillé de tous ses droits civils, civiques et politiques, rejeté de la société à la suite d'un attentat commis contre ses lois, objet de honte et de déshonneur pour tous les siens, il faut cependant que ses enfants s'adressent à lui pour obtenir son consentement à leur mariage ; et si la mère refuse, ils pourront trouver auprès de cette épave humaine un consentement facile et inconscient, qui triomphera de la volonté éclairée de la mère; ou bien, si la mère consent, il sera au pouvoir de ce forçat de s'opposer au mariage.

A cette pénible situation, il y a un remède dans la déchéance de la puissance paternelle. Si elle n'a pas été encourue de plein droit par la condamnation, ou si elle n'a pas été prononcée plus tard, la mère ou les parents jusqu'au degré de cousin germain ou le ministère public, peuvent la provoquer afin de transporter à la mère le droit de se prononcer souverainement sur le mariage de ses enfants. (Art. 3 et 14 de la loi du 24 juillet 1889.)

Mais il est à désirer que les cours et tribunaux ne négligent pas de prononcer la déchéance à la suite de toute condamnation à des peines afflictives et infamantes lorsque le condamné a des enfants, et le devoir du ministère public est de la requérir.

21. — L'article 4 de la loi du 20 juin 1896 a créé deux nouveaux cas d'impossibilité de manifester la volonté qui sont : la relégation des ascendants ou leur maintien aux colonies en conformité de l'article 6 de la loi du 30 mai 1854. Nous les examinerons sous le chapitre IV.

22. — Le survivant des père et mère qui s'est remarié, de même que la mère qui n'a pas été maintenue dans la tutelle ne perdent pas le droit de consentir au mariage, et les futurs doivent produire leur consentement.

23. — Nous avons fait jusqu'à ce moment deux hypothèses : dans la première les père et mère sont vivants, dans la seconde l'un des deux est mort ou dans l'impossibilité de manifester sa volonté. Etudions maintenant celle où le père et la mère sont morts ou hors d'état de donner leur consentement. Dans ce cas, aux termes de l'art. 150 C. civ., les aïeuls et aïeules les remplacent. Par ces mots « aïeuls et aïeules » l'article 150 comprend tous les ascendants à quelque degré qu'ils se trouvent ; en conséquence, si les aïeuls et aïeules du premier degré sont morts ou ne peuvent manifester leur volonté, et qu'il existe des bisaïeuls et bisaïeules, l'enfant doit demander le consentement de ces derniers et ainsi de suite.

24. — Mais dans quel ordre les aïeuls et aïeules sont-ils appelés à consentir ? Pour résoudre cette question il faut distinguer s'il n'y a des ascendants que dans une ligne, ou s'il y en a dans les deux lignes.

25. — S'il n'y a d'ascendants que dans une ligne, c'est l'ascendant le plus proche qui est appelé à consentir. En effet, la loi n'appelle les aïeuls et aïeules qu'à défaut des père et mère. C'est donc la proximité du degré qui régit l'ordre du consentement des ascendants au premier degré. Il doit en être de même pour les autres degrés. En conséquence si, dans la même ligne, l'aïeul est vivant ainsi que le bisaïeul ou la bisaïeule, le consentement de l'aïeul suffit. Il en sera de même si c'est une aïeule qui se trouve la plus proche en degré : l'aïeule exclura le bisaïeul comme la mère exclut l'aïeul.

26. — Si, dans la même ligne, l'aïeul et l'aïeule ou le bisaïeul et la bisaïeule existent, et qu'il y ait dissentiment entre eux, la volonté de l'aïeul ou du bisaïeul l'emporte sur celle de l'aïeule ou de la bisaïeule, de même que le consentement du père prévaut contre l'opposition de la mère. (Art. 150 C. civ.)

27. — S'il y a des ascendants dans les deux lignes, il faut distinguer s'ils sont à des degrés égaux ou inégaux. S'ils sont égaux en degrés, chaque ligne doit donner son consentement, et en cas de dissentiment, le partage emporte consentement. (Art. 150). Il n'y a donc pas, entre les deux lignes, de prépondérance en faveur de la ligne paternelle. Il en résulte que si l'aïeule maternelle consent au mariage tandis que l'aïeul et l'aïeule paternels s'y opposent, le dissentiment équivaut au consentement.

28. — Si les ascendants existants dans les deux lignes sont à des degrés inégaux, les plus proches en degré l'emportent-ils sur ceux qui sont plus éloignés ? Les auteurs sont divisés sur cette question. Quelques-uns pensent qu'il faut réserver aux aïeuls et aïeules les plus proches le droit de consentir au mariage parce que, dans l'esprit du Code civil chaque ligne n'a pas un droit propre.

Nous nous rangeons avec ceux qui décident que les deux lignes doivent être consultées. C'est ce qui paraît résulter des termes de l'art. 150 qui exige que les ascendants des deux lignes donnent leur avis, sans distinguer s'ils sont de degrés égaux ou inégaux. Ce système est, du reste, favorable aux mariages puisque, s'il y a dissentiment entre les deux lignes, le partage emporte consentement, tandis que, dans la thèse contraire, si l'aïeul le plus rapproché, seul consulté, refuse son consentement, le mariage est impossible. Nous estimons donc que lorsqu'il existe, dans les deux lignes, des aïeuls ou aïeules, bisaïeuls ou bisaïeules, inégaux en degrés, le consentement des ascendants de chaque ligne doit être exigé, et dans le cas de désaccord entre les deux lignes, le consentement de l'une d'elles suffit (1).

§ 2. — Consentement de la famille.

29. — La dernière hypothèse que nous ayons à envisager relativement aux consentements que les futurs doivent obtenir, est celle où non seulement les père et mère, mais encore les aïeuls et aïeules, bisaïeuls et bisaïeules sont

____

(1) Demolombe, t. III, n. 49 ; Laurent, t. II, n. 317 ; Huc, t. II, n. 89 ; Pandectes, *mariage*, n. 503 ; Dalloz, *mariage*, n. 118 ; supplément, *mariage*, n. 63.

décédés ou incapables de manifester leur volonté. Dans ce cas, l'art. 160 C. civ. dispose que les fils ou filles mineurs de vingt et un ans ne peuvent contracter mariage sans le consentement du conseil de famille. Une expédition du procès-verbal de la délibération est remise à l'officier de l'état civil.

30. — Ici, la loi ne fait plus de différence entre la majorité des fils et celle des filles, et revient, pour les fils, au droit commun dont elle s'écarte lorsqu'il y a des ascendants. Après vingt et un ans, les uns et les autres sont complètement libres et peuvent contracter mariage sans le consentement ni le conseil de personne. On a pensé, avec raison, que l'enfant ne doit pas aux collatéraux qui, seuls, sont vivants et qui sont quelquefois à un degré très éloigné, le respect et la déférence qu'il doit à ses ascendants, et que du reste les collatéraux sont moins intéressés que les ascendants au mariage de l'enfant.

31. — Les règles que nous avons établies relativement à la preuve du décès des père et mère et à l'impossibilité légale de manifester leur volonté s'appliquent également aux autres ascendants. Notamment la loi du 24 juillet 1889 sur la déchéance de la puissance paternelle s'applique non seulement aux père et mère, mais à tous les ascendants.

32. — Lorsqu'un enfant mineur et non émancipé reste sans ascendants ni tuteur élu par ses père et mère, les maires ont le devoir de porter le fait à la connaissance du juge de paix, et, à leur défaut, toute personne peut le faire.

Le conseil de famille, convoqué soit sur la réquisition et à la diligence des parents, des créanciers ou d'autres intéressés, soit d'office par le juge de paix du domicile du mineur, nomme un tuteur et un subrogé-tuteur, et, en cas de mariage du mineur, c'est au tuteur qu'il appartient de convoquer le conseil de famille pour l'appeler à donner son consentement.

33. — La délibération du conseil de famille qui accorde ou refuse le consentement est-elle souveraine ? Plusieurs auteurs se prononcent pour l'affirmative. La raison qu'ils en donnent est très simple, trop simple : le Code civil, disent-ils, n'exige pas que l'avis du conseil soit motivé et n'autorise pas l'enfant à réclamer. On ajoute que l'art. 160 exige le *consentement* du conseil de famille, comme les articles 148 et 150 exigent le consentement des père et mère ou des aïeuls ; que la décision des ascendants est souveraine, et qu'il doit en être nécessairement ainsi de celle du conseil de famille (1). Nous écartons cette opinion et distinguons si l'avis du conseil de famille a été pris à l'unanimité ou à la simple majorité. Si le conseil a été unanime, sa décision est sans recours possible ; mais il en est autrement s'il a été divisé, ainsi qu'il résulte de l'article 883 C. proc. civ. ainsi conçu : « Toutes les fois que les délibérations du conseil de famille ne seront pas unanimes, l'avis de chacun des membres qui le comprend sera mentionné dans le procès-verbal. Le tuteur, subrogé-tuteur ou curateur, même les membres de l'assemblée, pourront se pourvoir contre la délibération. » La loi permet donc d'appeler des décisions du conseil qui n'ont pas été unanimes. Comment ce droit n'existerait-il pas en matière de mariage,

(1) Demolombe, t. I, n. 86 ; Laurent, t. I[f], n. 344 ; Aubry et Rau, t. V, § 462, p. 74, texte et note 40.

lorsqu'il s'agit de l'acte le plus important de la vie du mineur, sur lequel le conseil puisse être appelé à statuer ! Eh quoi ! On pourrait réclamer devant les tribunaux, d'une décision du conseil de famille ordonnant la vente de quelques hardes et on ne le pourrait pas lorsque l'avenir tout entier du mineur est en cause ! Du moins, pour justifier cette restriction, il faudrait s'appuyer sur un texte légal, et l'on n'en cite aucun. On invoque, il est vrai, que l'art. 883 est classé sous le titre des *Avis de parents*, et que ce n'est pas un simple avis que l'art. 160 exige, mais le consentement, comme si le consentement n'était pas un avis.

La loi a voulu protéger le mineur contre les passions, les faiblesses, les erreurs du conseil de famille qui peut, qu'on veuille bien ne pas l'oublier, n'être composé que d'étrangers et d'indifférents. Cette garantie ne peut pas être enlevée au mineur lorsque c'est son établissement qui est en jeu. Nous concluons que si le conseil de famille s'est prononcé à l'unanimité, sa décision est inattaquable. Mais, dans le cas où il n'y aurait eu qu'une simple majorité, l'art. 883 C. proc. civ. est applicable : l'avis de chaque membre du conseil doit être consigné au procès-verbal, et le tuteur, le subrogé-tuteur ou le curateur, même les membres de l'assemblée, peuvent se pourvoir devant le tribunal contre la délibération. C'est du reste dans ce sens que se sont prononcés les tribunaux auxquels la question a été soumise (1).

---

(1) Liège, 30 avril 1811 ; Dalloz alph. 10. 28. ; Trib. Seine, 6 août 1869, S. 70. 2. 189 ; Trib. Roanne. 25 août 1874, *Journal des notaires*, art. 21.059 ; Bruxelles. 11 juin 1890, *Pasicrasie belge*, 1890. 2. 363 ; Dalloz périod. 91. 2. 249.

§ 3. — **Des enfants naturels.**

34. — Dans l'ancien droit les enfants naturels n'étaient pas tenus de requérir le consentement de leurs père et mère pour se marier, mais seulement celui de leur tuteur ou curateur. L'autorité paternelle était alors considérée comme un attribut du mariage ; notre droit, au contraire, la regarde comme un devoir d'éducation et de protection qui doit être également étendu aux enfants légitimes et aux enfants naturels.

35. — Le Code civil distingue l'enfant naturel reconnu de celui qui ne l'est pas. S'il a été reconnu, il est tenu envers ses père et mère des mêmes obligations que s'il était légitime. Mais la reconnaissance ne produisant d'effet qu'envers les père et mère, les enfants naturels n'ont pas à demander le consentement de leurs aïeuls et aïeules qui leur sont légalement étrangers.

36. — En conséquence, les règles du mariage applicables aux enfants légitimes relativement à leurs devoirs envers leurs père et mère, s'appliquent aussi aux enfants naturels. Jusqu'à l'âge de vingt-cinq ans pour les fils et de vingt et un ans pour les filles, le consentement des père et mère est indispensable, et, en cas de dissentiment, le consentement du père suffit. Si, après la reconnaissance faite par les père et mère, l'un des deux est mort ou dans l'impossibilité de faire connaître sa volonté, le consentement de l'autre suffit. Si l'enfant n'a été reconnu que par l'un d'eux, le consentement de celui qui l'a reconnu est suffisant.

Comme les enfants légitimes, les enfants naturels de vingt-cinq et de vingt et un ans sont tenus, à défaut du consentement des père et mère qui les ont reconnus, de demander leur conseil par un acte respectueux.

37. — Mais qu'arrivera-t-il si les père et mère qui ont reconnu l'enfant sont morts ou dans l'impossibilité de manifester leur volonté ? Jusqu'à l'âge de vingt et un ans révolus, répond l'art. 159, ils ne pourront pas se marier sans le consentement d'un tuteur *ad hoc* qui leur sera nommé, et il en sera de même pour les enfant naturels non reconnus.

Ainsi l'enfant naturel non reconnu, de même que l'enfant naturel reconnu dont les père et mère sont morts ou dans l'impossibilité de manifester leur volonté, peuvent contracter mariage, après l'âge de vingt et un ans accomplis, sans le consentement ni le conseil de personne. S'ils ne sont pas majeurs, ils doivent obtenir le consentement d'un tuteur qui leur est spécialement nommé à cet effet. Nous avons vu que lorsque l'enfant légitime n'a pas d'ascendants vivants, il appartient au conseil de famille de donner son consentement ; mais le législateur n'a pas voulu qu'il en fût ainsi pour l'enfant naturel qu'il a exclu de la famille.

38. — Il faudrait donc en conclure que le tuteur spécial ne peut pas être nommé par le conseil de famille, comme le soutiennent, du reste, plusieurs auteurs qui chargent le tribunal de ce soin (1). Dans le silence de la loi, nous ne voyons pas la nécessité de recourir au tri-

______

(1) Laurent, t. II, n. 342 ; Baudry-Lacantinerie, t. I, n. 438 ; Huc, t. II, n. 56.

bunal et d'instituer encore sur ce point, une nouvelle procédure qu'aucun texte ne prescrit. Or, le Code civil fait toujours nommer les tuteurs par le conseil de famille et ne dit pas qu'il en sera autrement pour le tuteur spécial de l'art. 159. Dans ces conditions, pourquoi déroger au droit commun ? (1).

Il y aurait ici une simplification facile à apporter dans la loi. Elle consisterait à attribuer au conseil de famille et non au tuteur le droit de consentir au mariage en assimilant sur ce point l'enfant naturel à l'enfant légitime. Si le conseil de famille est bon pour nommer le tuteur qui donnera son consentement, il le serait également pour donner le consentement lui-même.

§ 4. — De la forme du consentement.

39. — Si les ascendants dont le consentement est nécessaire sont présents à la célébration du mariage, ils donnent verbalement leur consentement devant l'officier de l'état civil. Mais s'ils n'y assistent pas, comment le donneront-ils ? Sous l'empire du Code civil, ils ne pouvaient le faire que par un acte authentique dressé par un notaire. Mais la loi du 20 juin 1896 a autorisé l'officier de l'état civil du domicile de l'ascendant, et, à l'étranger, les agents diplomatiques ou consulaires français, à recevoir le consentement des ascendants.

(1) Cass., 3 septembre 1806 ; Dalloz alph. 8. 646 ; Douai, 13 février 1844, *Jurisprudence de Douai*, 1844, p. 97 ; Dalloz périod. 45. 2. 152 ; Bordeaux, 9 juin 1863 ; Sirey, 64. 2. 9 ; Aubry et Rau, t. V, § 462, p. 80, texte et note 71 ; Demolombe, t. III, n. 89.

En Belgique, la loi du 16 août 1887 avait donné l'exemple de cette modification au Code civil, en faveur des indigents seulement, et MM. Félix Le Roy et Thellier de Poncheville proposèrent, dans leurs projets de loi respectifs, d'introduire une disposition analogue dans la législation française. Mais cette proposition qui établissait dans la loi une différence entre les riches et les pauvres fut repoussée et remplacée par un amendement de M. Emile Chevalier appliquant les dispositions de la loi belge à tous les citoyens, riches ou pauvres.

On ne peut qu'approuver cette innovation qui aura pour effet d'éviter des démarches, des frais et des lenteurs. Avant la nouvelle loi, les ascendants étaient obligés de se présenter devant un notaire, et, s'il n'y en avait pas au lieu de leur domicile, ils devaient se déplacer ou faire venir l'officier public auprès d'eux. Non seulement c'était une perte de temps et une dépense, mais il en résultait aussi quelquefois une entrave pour la réalisation du mariage. Aujourd'hui il suffira aux ascendants de se rendre devant le maire de leur commune, et, s'ils ne peuvent ou ne veulent s'y transporter, c'est le maire qui viendra auprès d'eux. On a dit qu'il était à craindre que le maire n'usât de son influence auprès des ascendants pour les décider à donner leur consentement. Quant à nous, il nous est impossible de voir où serait le mal si des ascendants refusaient leur consentement sans motifs sérieux. Ne serait-ce pas plutôt un avantage, et cette unique considération ne suffirait-elle pas pour justifier la réforme ? Quoi qu'il en soit, il y a là une simplification qui sera une économie de temps et d'argent et une facilité pour le mariage.

40. — Dans quels cas les officiers de l'état civil pourront-ils désormais recevoir le consentement des ascendants ? Dans tous les cas, dit le nouvel article 73, hors celui de l'article 160. Or, cet article 160 C. civ. dispose que « s'il n'y a ni père ni mère, ni aïeuls ni aïeules, ou s'ils se trouvent dans l'impossibilité de manifester leur volonté, les fils ou filles mineurs de vingt et un ans ne peuvent contracter mariage sans le consentement du conseil de famille. » Il n'est rien modifié à ces prescriptions ; mais chaque fois qu'il existera des ascendants capables de manifester leur volonté, et appelés à consentir au mariage, leur consentement pourra être reçu par l'officier de l'état civil du domicile aussi bien que par un notaire.

41. — Les notaires peuvent recevoir les consentements au mariage dans toute l'étendue du ressort de leur compétence, tandis que notre article 1er décide que l'officier de l'état civil pourra seulement recevoir le consentement des ascendants domiciliés dans sa commune.

42. — Mais s'agit-il ici du domicile réel des ascendants ou bien de celui qui, aux termes de l'art. 74 C. civ., s'établit, pour le mariage, par six mois de résidence ? Nous pensons que le consentement pourra être valablement reçu, indistinctement, par l'officier de l'état civil du lieu de l'un ou de l'autre de ces deux domiciles. Le Code civil donne compétence pour la célébration du mariage à l'officier de l'état civil du lieu dans lequel l'un des époux a son domicile depuis six mois ; par analogie, il doit en être de même pour la réception du consentement des ascendants. Voici, par exemple, une famille établie dans une commune depuis six mois ; l'un des enfants se marie et l'article 74 lui permet de contracter mariage devant l'officier de l'état civil de la commune qu'il habite. Mais si l'un des ascendants appelés à donner son consentement ne pouvait pas assister au mariage, le même officier de l'état civil qui a qualité pour célébrer le mariage de l'enfant ne pourrait pas recevoir le consentement de l'ascendant ! Il faudrait que celui-ci se transportât auprès du maire de la commune qu'il habitait précédemment, ou bien, ne pouvant se déplacer, il devrait recourir à un notaire ! La loi nouvelle n'a pas voulu consacrer un tel résultat, et il faut décider que l'officier de l'état civil du lieu où l'ascendant habite depuis six mois est compétent pour recevoir le consentement, aussi bien que celui du précédent domicile. Enfin, si l'esprit de la loi est de rendre le mariage plus facile en simplifiant les formalités, l'opinion que nous adoptons est conforme au vœu du législateur. C'est aussi dans ce sens que s'est prononcé M. le procureur de la République de la Seine dans une circulaire adressée aux maires du département, à la date du 10 novembre 1896. (Voir annexe n. 2.)

43. — Rien ne s'oppose à ce que l'officier de l'état civil se rende auprès de l'ascendant empêché par la maladie ou par toute autre cause, pour recevoir son consentement. (Conf. circulaire du proc. de la Rép. de la Seine.)

44. — La loi ne dit pas dans quelle forme le consentement sera reçu par l'officier de l'état civil ; il faut donc suppléer à son silence. Nous pensons qu'il ne s'agit pas d'une simple déclaration verbale ou écrite faite au maire, mais d'un acte véritable ayant le même caractère d'authenticité que les actes de l'état civil. Il n'est pas douteux que telle a été l'intention du législateur, ainsi que les termes de l'article 73 le démontrent clairement. Le § 1er de l'article 73 dispose que « *l'acte authentique* du consentement devra contenir les prénoms, noms, etc., etc., » et la loi du 20 juin 1896 fait à cet article l'addition suivante : « *Cet acte* de consentement pourra être donné soit devant un notaire, soit devant l'officier de l'état civil... » L'acte de consentement reçu par le maire sera donc authentique comme s'il était reçu par un notaire, et par suite il devra être dressé dans la même forme que les actes notariés.

45. — Ainsi, l'officier de l'état civil devra être assisté de deux témoins. Du moment que l'acte dressé par lui fera foi en justice, il paraît nécessaire que la constatation qu'il contient soit confirmée, garantie et mise hors de discussion par la présence des témoins. Enfin, comment le maire pourrait-il s'assurer de l'identité des comparants lorsqu'ils lui seraient inconnus, s'ils n'étaient pas assistés de témoins certificateurs ?

Le projet de loi de M. Félix Le Roy dispensait formellement le maire de la présence des témoins, et la commission qui l'avait examiné avait adopté cette proposition qui était la reproduction textuelle de la loi belge. Le projet de M. Thellier de Poncheville était conçu dans le même sens ; mais il fut modifié par la commission qui exigea la présence de deux témoins (1). Dans le cours de la discussion de la proposition de M. Thellier de Poncheville, tous les orateurs qui prirent la parole reconnurent la nécessité de l'assistance des témoins et aucune contra-

(1) Projet de loi de M. Thellier de Poncheville ; projet de loi de M. Félix Le Roy ; *Journ. off.* mars 1890, Chambre des députés, annexe n° 204, p. 375, 376 et 377.

diction ne s'éleva sur ce point (1). Mais la Chambre ne trancha pas la question puisqu'elle n'admit pas alors la constatation du consentement par les officiers de l'état civil.

La proposition de M. l'abbé Lemire ne touchait pas à la réception du consentement par le maire. Cette question fut introduite dans le projet élaboré par la commission dont le rapporteur, M. Bertrand, avait, en 1890, reconnu la nécessité de l'assistance de témoins (2). Nous croyons donc que la présence des témoins est indispensable pour la constatation du consentement par l'officier de l'état civil, et c'est ainsi, du reste, que M. le garde des sceaux s'est prononcé dans sa circulaire du 23 juillet 1896. (Annexe n° 1.)

46. — Les art. 8, 9 et 10 de la loi du 25 ventôse an XI règlent la capacité des témoins dans les actes notariés. Les témoins instrumentaires doivent être citoyens français, savoir signer et avoir leur domicile dans la commune où l'acte est passé. Les parents ou alliés des notaires ou des parties contractantes, en ligne directe à tous les degrés, en ligne collatérale jusqu'au degré d'oncle ou de neveu

---

(1) « Nous exigeons au point de vue de l'attestation d'identité des parents la garantie de deux témoins. » (Discours de M. Thellier de Poncheville. *Journ. off.* du 20 juin 1890, Chambre des députés, séance du 19, p. 1125.) « Comment ! ce maire qui est capable de dresser l'acte de mariage lui même ne serait pas capable de recevoir le consentement du père et de la mère, alors que nous avons pris la précaution de le faire assister de deux témoins ? » (*Ibid.*, p. 1130.)

(2) « L'officier de l'état civil, le maire ou l'adjoint, sera donc obligé d'aller au domicile de ce parent qu'il ne connaîtra pas toujours, surtout dans les grandes villes ; il se trouvera dans la nécessité de monter cinq ou six étages de sa demeure, accompagné de deux témoins... » (Discours de M. Bertrand, *loc. cit.*, p. 1128.)

inclusivement, les clercs, les serviteurs ne peuvent servir
de témoins dans un acte notarié. Mais ces règles ne nous
paraissent pas applicables à l'acte de consentement reçu
par un officier de l'état civil, et nous estimons qu'il
suffit d'exiger des témoins la capacité fixée par l'art. 37
qui décide qu'ils ne pourront être que du sexe masculin,
âgés de vingt et un ans au moins, parents ou autres, et
qu'ils seront choisis par les personnes intéressées.

47. — Les étrangers, à plus forte raison les citoyens
domiciliés hors de la commune, les illettrés, les parents de
l'officier de l'état civil ou des parties, les serviteurs, pourront donc servir de témoins à l'acte de consentement.
Seuls les sourd-muets, les aveugles, les interdits, ainsi que
les individus privés de l'exercice de leurs droits civils et
de famille, ne pourront être témoins. (Conf. circ. du procureur de la République de la Seine.)

48. — La raison de la présence des témoins à l'acte de
consentement est dans l'attestation de l'identité des comparants. Mais il arrivera fréquemment, surtout dans les
grandes villes, que non seulement l'ascendant mais encore
les témoins seront inconnus de l'officier de l'état civil.
Dans ce cas il sera nécessaire d'exiger des preuves certaines d'identité, soit de l'ascendant, soit des témoins.
« Ainsi donc, dit le procureur de la République de la
Seine, dans sa circulaire, lorsque l'ascendant ou celui qui
se présentera comme tel, lorsque les témoins eux-mêmes
ne seront pas connus de l'officier de l'état civil, il agira
toujours prudemment en exigeant des uns comme des
autres, pour mettre sa responsabilité à couvert, la production de pièces d'identité, telles que livrets militaires, livrets

de famille, cartes d'électeur, diplômes universitaires, quittances de loyers ou de contributions, patentes, etc. »

49. — Si l'ascendant et les témoins inconnus de l'officier de l'état civil, se refusaient à produire les pièces nécessaires pour établir leur identité, il n'est pas douteux que le maire pourrait et devrait même se refuser à recevoir le consentement. Il en est ainsi pour les actes de l'état civil, et il doit en être de même pour le consentement au mariage, afin de déjouer des fraudes trop faciles (1).

50. — L'art. 8 de la loi du 25 ventôse an XI interdit aux notaires de recevoir des actes dans lesquels sont intéressés leurs parents ou alliés, en ligne directe indéfiniment, et en ligne collatérale jusqu'au troisième degré, ou bien dans lesquels ils ont eux-mêmes un intérêt. A notre avis, il faut encore appliquer ici, non les règles du notariat, mais celles de la réception des actes de l'état civil, et admettre comme suffisant que le maire n'ait pas un double rôle dans l'acte, c'est-à-dire qu'il n'y soit pas en même temps officier de l'état civil et déclarant, témoin ou partie. Un maire pourrait donc recevoir le consentement de ses ascendants au mariage de son frère, mais il ne pourrait pas recevoir le consentement de ses ascendants à son propre mariage, parce qu'il se donnerait un titre à lui-même, ce que ni la loi ni la raison ne sauraient admettre, et encore moins constater son consentement au mariage de ses enfants.

51. — Toutefois nous sommes d'avis que les maires doivent s'abstenir autant que possible de recevoir les actes

---

(1) Coin-Delisle, sur l'art. 37, n. 7 ; Toullier, t. I, n. 308 ; Laurent, t. II, n. 18 ; Mersier, *Traité théor. et prat. des actes de l'état civil*, n. 25.

de l'état civil concernant leurs parents rapprochés, et qu'ils doivent céder leur place à l'adjoint, en constatant leur empêchement dans les actes. (Instruct. minist. 25 février 1808 ; 21 juillet 1818 ; 16 novembre 1824.) Il est désirable qu'il en soit de même pour la réception du consentement à mariage.

52. — L'acte de consentement sera-t-il dressé de la même manière que les actes de l'état civil sur de doubles registres ? La circulaire ministérielle du 23 juillet 1896 répond que l'acte sera dressé en brevet, c'est-à-dire qu'il n'en sera pas gardé minute. Il était, en effet, logique d'adopter cette forme, puisque les notaires eux-mêmes peuvent l'employer pour recevoir le consentement des ascendants.

53. — Toutefois il était désirable qu'un contrôle pût être exercé, et la circulaire de M. le garde des sceaux a prescrit de tenir, dans chaque mairie, un registre sur lequel les actes de consentement seront mentionnés sommairement avec un numéro d'ordre.

54. — Ce registre devra-t-il être en papier timbré ? Les registres de l'état civil sont soumis au timbre par la loi du 13 brumaire an VII (art. 1er); or, nous ne sommes pas en présence d'un acte de l'état civil, pas même de l'acte de consentement lui-même, mais seulement du répertoire des actes de consentement. Les répertoires des notaires, des huissiers, des avoués, des greffiers étant assujetis au timbre, ne doit-il pas en être de même, par analogie, du répertoire des consentements ? L'art. 12, § 2 n. 2 de la loi du 13 brumaire an VII soumet au timbre les registres « des administrations centrales et municipales, tenus pour objets qui leur sont particuliers, et n'ayant point de rapport à l'administration générale, et les répertoires de leurs secrétaires. » Le registre dont nous nous occupons ne nous paraît pas rentrer dans cette définition : il est tenu, il est vrai, pour les actes d'une fonction spéciale des officiers de l'état civil, mais seulement pour l'administration générale de la commune. Il doit donc bénéficier de l'exemption du timbre accordée aux registres des administrations publiques tenus seulement pour ordre. (Loi du 13 brumaire an VII, art. 16, § 2, n. 1.)

55. — Les actes de consentement seront mentionnés sommairement au répertoire sous un numéro d'ordre. On y indiquera la date, les noms, prénoms, professions et domiciles de l'ascendant et des futurs. (Annexe n. 4.)

56. — Revenons à l'acte du consentement et voyons de quelle manière il doit être rédigé. L'art 73 C. civ. exige qu'il contienne les prénoms, noms, profession et domicile du futur époux et de tous ceux qui auront concouru à l'acte, ainsi que leur degré de parenté.

57. — On s'est demandé s'il devait indiquer le nom de la personne avec laquelle le mariage sera contracté, ou bien s'il peut donner à l'enfant le pouvoir de se marier avec qui il voudra, ou même laisser le nom en blanc. Ceux qui sont pour l'affirmative soutiennent que l'art. 73 ne prescrit pas de mentionner dans l'acte de consentement le nom de la personne avec laquelle l'enfant se propose de s'unir; à leurs yeux, le futur époux dont parle l'art. 73 n'est autre que l'enfant auquel le consentement est donné, mais il n'y est pas question de celui avec lequel le mariage est projeté. Enfin le consentement général au mariage leur paraît offrir l'avantage de permettre à des enfants allant s'établir dans un pays lointain, d'emporter un consentement en blanc ou indéterminé qui les tiendra toujours prêts à contracter une alliance avantageuse si elle se présente. C'est l'opinion de MM. Aubry et Rau (1). Ces auteurs enseignent en conséquence que l'officier de l'état civil ne pourrait se refuser à la célébration du mariage si l'acte du consentement n'indiquait pas le nom de la personne avec laquelle le mariage doit être contracté, ou bien si le nom de cette personne avait été laissé en blanc.

Il nous paraît difficile d'admettre ce système. D'abord il ne saurait être question d'un acte de consentement en blanc puisque, d'après l'art. 13 de la loi du 25 ventôse an XI, les actes notariés doivent être écrits « sans blanc, lacune ni intervalle, » sous peine d'amende contre le notaire, et, aux termes de l'art. 42 C. civ., il en est de même des actes de l'état civil. Donc, pour l'acte de consentement notarié, il est évident qu'on ne peut pas laisser en blanc le nom du futur avec lequel l'enfant doit contracter, et il ne saurait en être différemment quant à l'acte de consentement reçu par l'officier de l'état civil, soit qu'on lui applique la règle de la loi de ventôse ou celle de l'art. 42.

Un consentement général, indéterminé, pour contracter mariage avec n'importe qui, n'aurait pas plus de valeur. Lorsque le Code civil dispose, dans son article 148, que le fils âgé de moins de vingt-cinq ans et la fille qui n'a pas atteint l'âge de vingt et un ans accomplis, ne peuvent contracter mariage sans le consentement de

(1) Aubry et Rau, t. V, § 446, p. 107, texte et note 6.

leurs père et mère, il est évident qu'il s'agit du mariage qui est conclu, décidé, qui va être contracté avec telle personne déterminée, et que c'est pour cette union et non pas pour une autre, qu'il exige le consentement. Et si, dans l'esprit du Code civil, la nécessité du consentement des ascendants est une mesure de protection pour l'enfant et une garantie pour la famille, il va de soi que ce consentement doit être éclairé. Or, comment un consentement général, donné pour se marier avec qui il plaira, avec le premier venu, offrirait-il les garanties que la loi lui demande?

Enfin, les termes de l'article 73 nous semblent exprimer clairement que l'acte du consentement doit désigner la personne avec laquelle l'enfant se propose de contracter mariage lorsqu'il dit « que cet acte doit contenir les prénoms, nom, profession et domicile *du futur époux.* » De quel futur époux s'agit-il ? Est-ce de l'enfant qui sollicite le consentement ? — Assurément non. Il est, en effet, bien inutile que la loi prenne soin d'exiger qu'il soit désigné, car on ne conçoit pas un acte de consentement n'indiquant pas à qui il est donné. Le futur époux dont parle l'article 73 est donc celui avec lequel l'enfant se propose de se marier, et c'est celui-là que l'officier de l'état civil comme le notaire, doivent toujours désigner dans l'acte de consentement, par ses nom, prénoms, profession et domicile. C'est dans ce sens que se prononce la circulaire de M. le garde des sceaux : « L'article 73 indique que l'acte du consentement contiendra les prénoms, noms, professions et domiciles des futurs époux… Cette disposition a besoin d'être complétée : le consentement ne saurait être, en effet, donné utilement qu'en vue d'un mariage à

contracter avec une personne déterminée et qui doit être
désignée dans l'acte ; l'autorisation de se marier donnée
en termes généraux, par des parents à un enfant, n'aurait aucune valeur et ne pourrait pas être admise. »

58. — En conséquence, l'officier de l'état civil doit se
refuser à la célébration du mariage si les futurs ne produisent pas un consentement spécial contenant la désignation des deux futurs époux (1).

59. — Après ce qui précède, il va de soi que l'ascendant
ne pourrait pas donner à un tiers, même à un ascendant
d'un degré supérieur, une procuration générale pour consentir, à ses lieu et place, au mariage que son enfant voudrait contracter.

60. — L'article 36 du Code civil autorise les parties qui
ne peuvent pas comparaître en personne à la réception des
actes de l'état civil, à se faire représenter par un mandataire. Un ascendant peut donc donner mandat à un tiers
d'exprimer son consentement au mariage de son enfant ;
mais il faut que ce mandat qui, doit être notarié, (art. 36),
désigne la personne avec laquelle l'enfant va contracter
mariage. C'est, en effet, le consentement de l'ascendant
appelé par la loi, qui est nécessaire ; c'est à l'ascendant
que la loi confère le droit de consentir, et il ne peut pas
le déléguer à autrui. Il peut seulement envoyer un mandataire pour le représenter au mariage et formuler le
consentement à sa place ; dans ce cas l'ascendant ne se

(1) Delvincourt, t. I, p. 70 ; Duranton, t. II, n. 91 ; Vazeilles, t. I,
n. 116 ; Mourlon, t. I, n. 552 ; Marcadé, sur l'art. 73, n. 3 ; Demolombe, t. III, n. 53 ; Laurent, t. II, n. 320 ; Baudry-Lacantinerie, t. I,
n. 431 ; Huc, t. II, n. 39, *in fine* ; Pandectes, *mariage*, n. 511.

dépouille pas de la puissance paternelle qu'il ne peut pas abdiquer ; il l'exerce par l'intermédiaire d'un tiers qui n'est que son porte-voix (1).

61. — Le consentement des ascendants doit être donné au moment même de la célébration du mariage ; dès lors, le consentement donné d'avance, soit directement à l'enfant, soit à un mandataire, doit exister à l'instant même où le mariage se célèbre. Il en résulte que l'ascendant peut, jusqu'au moment de la célébration, retirer son consentement.

02. — L'officier de l'état civil ayant reçu le consentement aurait-il qualité pour constater la rétractation ? Non. La nouvelle attribution donnée aux maires est limitée par la loi à la réception du consentement et ne saurait être étendue. L'ascendant qui voudrait retirer son consentement devrait le faire soit par un acte notarié, soit en faisant opposition au mariage, soit en notifiant son refus de consentir par acte d'huissier, aux deux futurs ou même à l'officier de l'état civil qui doit célébrer le mariage. Dans ce cas la célébration serait impossible et il devrait y être sursis.

63. — Il devrait en être de même si l'ascendant ayant donné son consentement anticipé venait à décéder avant la célébration du mariage ou se trouvait dans l'impossibilité de manifester sa volonté. Dans cette hypothèse, l'enfant devrait produire le consentement des personnes que la loi appelle à consentir à défaut de l'ascendant qui avait déjà manifesté sa volonté.

64. — Les fonctions du maire, tant comme administrateur municipal que comme officier de l'état civil, étant

(1) Demolombe, t. III, n. 54 ; Pandectes, *mariage*, n. 513.

absolument gratuites, l'acte de consentement qu'il reçoit est dressé et délivré sans frais C'est la raison même de l'innovation établie par la loi du 20 juin 1896.

65. — Cependant cet acte n'est pas dispensé des droits de timbre et d'enregistrement. Il doit donc être établi sur une feuille timbrée à 0,60 centimes, et enregistré au droit de 3 fr. 75. L'ascendant qui s'adresse à l'officier do l'état civil de sa commune n'a donc à débourser que la faible somme de 4 fr. 35. Toutefois nous verrons plus loin que si l'ascendant est indigent, le consentement est dispensé du timbre et des droits d'enregistrement.

66. — L'acte sera-t-il enregistré à la diligence du maire ou par les soins de l'ascendant qui l'aura requis ? Légalement les maires n'ont pas à assurer l'enregistrement des actes qu'ils délivrent ; mais il sont moralement tenus de le faire, la circulaire du ministre de la justice le leur recommandant d'une façon très pressante : « C'est aux parties intéressées, dit-elle, qu'il appartient d'accomplir les démarches nécessaires pour obtenir l'enregistrement. Toutefois, je ne saurais trop recommander aux officiers de l'état civil de les faire bénéficier, dans ce cas comme dans tous les autres, des facilités qu'il est possible de leur accorder. Les maires rendraient un service précieux à leurs administrés en se chargeant de faire procéder à la formalité de l'enregistrement, moyennant le versement préalable du montant des droits à la caisse municipale. » Avant de délivrer l'acte de consentement à la personne qui l'aura requis, les maires devront, en conséquence, transmettre cet acte au bureau d'enregistrement, après avoir fait préalablement consigner le montant du droit à payer.

67. — Nous en dirons autant du maire auquel les futurs remettraient à l'appui de leur demande de célébration de mariage, un acte de consentement non enregistré. Par analogie avec l'hypothèse précédente, leur devoir serait de faire parvenir cet acte au receveur de l'enregistrement en faisant, au préalable, verser le montant des droits par les parties intéressées, sauf le cas d'indigence. Signalons toutefois que la formalité de l'enregistrement ne peut s'accomplir qu'au bureau du receveur dans la circonscription duquel l'acte a été dressé. (Loi du 22 frimaire an VII, art. 26, n. 1 et 3.)

68. — En cas de refus des intéressés de faire enregistrer le consentement ou de verser le montant des droits à la caisse municipale lorsqu'ils n'en sont pas dispensés, l'officier de l'état civil devrait refuser de procéder à la célébration du mariage.

69. — L'officier de l'état civil qui procéderait au mariage sur un acte de consentement non enregistré serait passible d'une amende de 50 francs. (Loi du 22 frimaire an VII, art. 42.)

70. — La signature de l'officier de l'état civil qui aura reçu le consentement sera légalisée par le président du tribunal ou par le juge de paix.

§ 5. Du consentement reçu par les agents diplomatiques et consulaires.

71. — Personne n'ignore que les Etats ont coutume de se faire représenter auprès des gouvernements étrangers par des personnes chargées de veiller au maintien de l'entente réciproque entre les deux pays, de protéger leurs nationaux, de traiter les affaires internationales et tenir leur gouvernement informé de tout ce qui se passe d'important au point de vue politique, économique et militaire dans le pays auprès duquel ils sont accrédités. Ce sont les agents diplomatiques. Mais, en outre de ces hauts représentants exclusivement fixés dans les villes où siègent les gouvernements, les nations envoient aussi dans les pays étrangers, des consuls qui sont plus spécialement chargés de protéger les personnes et le commerce de leurs nationaux.

Les chanceliers d'ambassade lorsqu'il n'existe pas de consulat dans le lieu même de l'agence diplomatique, de même que les chanceliers des consulats, remplissent les fonctions de notaire pour les actes intéressant uniquement leurs nationaux, dans la circonscription qui leur est assignée. Ils peuvent, par suite, recevoir les actes de consentement à mariage donnés par les père et mère de nationalité française. La loi du 20 juin 1896 n'a donc rien innové sur ce point.

72. — Mais, hors du chef-lieu de l'arrondissement consulaire, certaines personnes sont chargées par le consul, avec l'agrément du ministre, de remplir des fonctions déterminées et limitées. On leur donne le nom d'agents consulaires. Ils ne font pas partie du corps consulaire et ne correspondent qu'avec le chef de l'arrondissement sous la responsabilité duquel ils agissent ; ils n'ont pas de chancelier et ne peuvent recevoir ni les actes de l'état civil ni les actes authentiques. Exceptionnellement seulement ils peuvent être autorisés à remplir les fonctions d'officier de

l'état civil et de notaire. (Ord. du 26 octobre 1833, art. 1,
2, 3, 7.)

Dorénavant, en vertu de la loi du 20 juin 1896, les agents
diplomatiques pourront, comme les consuls, recevoir les
actes de consentement des Français, en se conformant à
toutes les règles que nous avons établies.

73. — Les actes de consentement dressés à l'étranger
échappent à l'impôt, tant qu'il n'en est pas fait usage en
France. Mais dès qu'on veut s'en servir, ils sont passibles
du droit de timbre et d'enregistrement. (Loi du 22 frimaire
an VII, art. 23; loi du 13 brumaire an VII, art. 13; loi du
28 avril 1816, art. 58.)

74. — Les officiers de l'état civil auxquels sont produits
des actes de consentement dressés à l'étranger par les
agents diplomatiques ou consulaires, doivent donc exiger
qu'ils soient soumis au timbre et à l'enregistrement, ou bien
les faire parvenir eux-mêmes au receveur de l'enregistrement, après la consignation préalable des droits par les
intéressés. Mais, contrairement à ce qui a lieu pour les
actes passés en France, ceux passés en pays étrangers peuvent être enregistrés, indistinctement, dans tous les
bureaux. (Loi du 22 frimaire an VII, art. 26, n. 3.)

CHAPITRE II

De l'acte respectueux.

————

ARTICLE 2

L'article 151 C. civ. est ainsi modifié :

« ART. 151. — Les enfants de famille ayant atteint la majorité fixée par l'article 148 sont tenus, avant de contracter mariage, de demander, par acte respectueux et formel, le conseil de leur père et de leur mère ou celui de leurs aïeuls et aïeules lorsque leurs père et mère sont décédés ou dans l'impossibilité de manifester leur volonté.

« Il pourra être, à défaut de consentement sur l'acte respectueux, passé outre, un mois après, à la célébration du mariage. »

Origine de l'article 2.

75. — L'acte respectueux est un vestige de l'ancien droit ; c'est la sommation respectueuse abolie par la Convention et rétablie par le Code civil qui l'a désignée, « par un perfectionnement délicat », (1) sous le nom d'acte respectueux. Son utilité est très contestée et plusieurs jurisconsultes estiment que, s'il offre le faible avantage d'imposer aux enfants un temps obligatoire de réflexion avant de s'engager dans les liens du mariage, il n'est presque jamais efficace, et, loin de porter l'union dans les familles, contribue plutôt à exaspérer leur résistance. Combien de fois l'intervention du notaire a-t-elle amené la conciliation ? Hélas ! les procédures judiciaires ne calment pas les passions; elles les irritent plus souvent et rendent le désaccord irréparable (2).

76. — L'acte respectueux est inconnu en Angleterre, en Allemagne et en Suisse; il a été supprimé en Italie et ne subsiste plus en Belgique, depuis la loi de 1887, que vis-à-vis des père et mère.

Il semblait donc qu'il dût être sérieusement exposé lorsqu'on rechercherait les moyens de débarrasser l'acte du mariage des formalités qui le retardent et souvent l'empêchent. Il reçut, en effet, un vigoureux assaut, et, s'il triompha finalement de ses adversaires, il fut néanmoins gravement ébranlé, et on peut, désormais, présager que cette vieille institution disparaîtra, un jour, du Code civil.

77. — Le 2 juillet 1888, M. Félix Le Roy, député, déposa une proposition de loi réduisant à un seul les actes respectueux et les abolissant vis-à-vis des aïeuls et aïeules lorsque les père et mère étaient décédés ou hors d'état de

---

(1) Viollet, *Précis de l'histoire du droit français*, p. 347.

(2) Laurent, *Projet de réforme du Code civil.*

manifester leur volonté (1). La commission de la Chambre
accepta la suppression de deux actes respectueux sur trois,
et maintint la nécessité de la demande du conseil des aïeuls
et aïeules (2).

78. — M. Thellier de Poncheville reproduisit textuelle-
ment dans sa proposition de loi, l'article 1er du projet de
M. Le Roy, tel qu'il était sorti des travaux de la commission
et le fit voter par la Chambre le 19 juin 1890. M. Royer, de
l'Aube, sans combattre l'abolition du renouvellement des
actes respectueux, déposa un amendement tendant à
fixer à trois mois, au lieu d'un, le délai nécessaire entre
l'acte respectueux et le mariage ; mais la Chambre se prononça contre lui.

79. — M. l'abbé Lemire reprit, à son tour, cet article
dans son projet de loi ; puis il y fit un amendement tendant
à la suppression de l'acte respectueux envers les aïeuls et
aïeules.

80. — Enfin, M. Charles Ferry soutint, avec beaucoup
de force et d'éloquence, un autre amendement abolissant
radicalement l'acte respectueux et donnant aux majeurs de
vingt-cinq et de vingt et un ans la capacité de se marier
sans le consentement, ni le conseil de personne (3). Cette

(1) Proposition de loi de M. Félix Le Roy du 2 juillet 1888 ; *Journ. off.*
mars 1890, doc. parl., p. 375, annexe 204, I.

(2) Rapport de M. Gomot, *loc. cit.*, p. 376.

(3) « L'histoire est singulière des actes dits respectueux. Ils
n'existent, je dois vous le dire, que dans le Code français et dans le
Code belge et luxembourgeois. Cette loi, que je me permettrai d'appeler une chinoiserie, existait sous l'ancien régime. Elle fut abolie
par la loi du 25 septembre 1792 et ne fut rétablie qu'en 1803 ; pour
quelles raisons ? Nous ne le savons que par quelques lignes de
Portalis, que je vous demande la permission de vous lire : « Il nous
a paru utile aux mœurs de faire revivre cette espèce de culte rendu

proposition si libérale qui, d'un seul coup, nous ramenait aux principes de la Révolution, fut trouvée trop hardie, et la Chambre la repoussa devant l'opposition du rapporteur,

par la piété filiale au caractère de dignité et, j'ose le dire, de majesté que la nature elle-même semble avoir imprimé sur ceux qui sont pour nous, sur la terre, l'image et même les ministres du Créateur. » C'est tout. Voilà la seule raison que nous ayons du rétablissement, à partir de vingt-cinq ans, de cet étrange ordre de choses qui s'appelle les actes respectueux.... On m'a dit, il y a une grave atteinte portée au respect de la puissance paternelle.... Eh bien ! je demande à m'expliquer sur la puissance paternelle. Est-ce la puissance telle que l'entendaient les Romains ? Est-ce le *paterfamilias* de l'antiquité qui, d'un signe, décidait si l'enfant qui venait de naître devait vivre ou mourir, qui voyait grandir autour de lui ses enfants et ses petits-enfants dont il disposait comme de sa propriété ? A cette époque, le père de famille, jouant le rôle de magistrat, de gendarme et quelquefois de bourreau, avait qualité pour s'opposer au mariage de ses enfants. quelque fût leur âge, si ce mariage ne lui plaisait pas. Est-ce là l'image du père de famille moderne ? Mais le père de famille moderne tire toute sa puissance et toute son autorité des nécessités de l'éducation de l'enfant qu'il a mis au monde et qui, lui, n'a pas demandé à vivre.... Je ne vous demande pas de revenir sur l'âge de vingt-cinq ans, bien qu'il y ait grand intérêt à ce que les mariages soient jeunes. J'accepte la puissance paternelle absolue, le droit de refuser ou d'accorder l'autorisation. Mais après l'âge de vingt-cinq ans est-ce encore la puissance paternelle ? Mais non, c'est plutôt le droit de la bafouer, et vous donnez même le droit d'en faire la constatation par huissier. Je trouve que c'est tout le contraire du respect pour la puissance paternelle.

« On répond à cela en nous opposant un rapport de l'illustre M. Demolombe sur cette question.... Eh bien ! je voudrais que le digne M. Demolombe, qui n'a jamais vu le vaste monde qu'à travers la fenêtre de son cabinet de travail de Caen, je voudrais qu'il revînt aujourd'hui dans le département qu'il aimait et qu'il n'a jamais voulu quitter. Il constaterait ainsi que les Bas-Normands ont mis en pratique ses doctrines et que la population de ce magnifique département du Calvados, un des plus beaux et des plus riches de France, qui était de 480.000 âmes en 1866, n'est plus, aujourd'hui, que de 428.000. Il a donc perdu 52.000 âmes ! Voilà le résultat des doctrines de M. Demolombe.... Je vous demande de penser que vous avez à légiférer non pas pour une classe plus ou moins aisée, mais pour une grande démocratie ; que cette démocratie, par la force des choses, est presque nomade, et que ce qui est une difficulté pour nous est un empêchement absolu pour elle. Enfin je vous demande de vous élever plus haut, de penser que les législateurs doivent faire

M. Bertrand (1), et du garde des sceaux, M. Trarieux (2).
Néanmoins, elle recueillit 238 voix contre 308.

ce que fait la nature, qui toujours néglige les individus pour ne penser qu'à la perpétuité de l'espèce. Je vous demande de ne pas songer à un sot mariage de plus ou de moins, mais de songer à la patrie qui vous demande des enfants. » (Discours de M. Ch. Ferry, *Journ. off.*, Ch. des députés, séance du 2 avril 1895.)

(1) Rapport de M. Bertrand à la Chambre des députés. *Journ. off.* août 1894, Chambre des députés, doc. parl., annexe 841.

« Si vous adoptiez cet amendement (de M. Ch. Ferry), si vous supprimiez pour les filles âgées de vingt et un ans et pour les garçons âgés de vingt-cinq ans, l'obligation, je ne dis pas d'obtenir, mais de demander le consentement de leurs ascendants, dans un nombre de cas considérable les pères et mères et aïeuls ne connaîtraient pas le mariage, ils ne l'apprendraient qu'en lisant les actes de l'état civil de leur localité, ou que plusieurs années plus tard, lorsqu'une succession viendrait à s'ouvrir ou lorsque le gendre ou la belle-fille, dont ils n'ont même pas entendu prononcer le nom, viendraient s'adresser à eux pour obtenir une pension alimentaire. » (Discours de M. Bertrand, *loc. cit.*)

(2) « Je m'empresse de dire que je trouve la question posée par M. Ch. Ferry entièrement délicate, et que si j'avais le droit de l'apprécier pour mon compte personnel et de ne la juger qu'avec mon sentiment propre, le caractère très libéral de son amendement ne serait pas fait pour me déplaire. Mais je parle ici comme ministre, et je ne crois pas que nous ayons le droit d'édicter des lois en nous plaçant seulement au point de vue de nos sentiments personnels. Je crois que les lois doivent s'inspirer des mœurs du pays, qu'elles ne doivent ni les devancer ni leur faire violence, et qu'elles ne sont véritablement bonnes et souhaitables que lorsqu'elles répondent à un état d'opinion qui permet au pays de les comprendre et de les accepter.... Il est certain que dans bien des cas nous avons vu se produire des résistances injustes, iniques même, de la part du père et de la mère de famille.... Mais dans combien d'autres cas la consultation du père et de la mère ne pourra-t-elle être non seulement légitime mais utile aux enfants? Que de mariages pour la jeune fille, qui vient d'atteindre à peine sa vingt et unième année, pourraient être le résultat de surprises, d'entraînements regrettables, et, dans ces cas, combien seraient utiles les conseils des parents! Je ne prétends pas qu'on ne puisse voir dans sa proposition la législation de l'avenir, et, pour ma part, je la verrai sans inquiétude inscrire dans nos Codes le jour où il sera démontré que cette nouvelle étape dans la voie des réformes peut être franchie. » (Discours de M. Trarieux, garde des sceaux, *loc. cit.*)

81. — L'amendement de M. Lemire, tendant à supprimer l'acte respectueux vis-à-vis des aïeuls et aïeules eut plus de succès. Appuyé par son auteur (1) et par le garde des sceaux (2), il fut adopté, malgré l'opposition de la

(1) « Quand on va au fond des choses, on peut se demander quelle est l'efficacité des actes respectueux vis-à-vis des grands-parents. A quoi aboutissent ces actes? Ont-ils un bon résultat, ont-ils un résultat quelconque? On a fait des statistiques là-dessus et les chiffres sont absolument concluants. L'une de ces statistiques a été faite à Bruxelles avant que les Belges aient discuté la loi qui supprimait les actes respectueux. Cette loi, les représentants l'ont votée, en 1886, à l'unanimité, avec moins de timidité et de tâtonnements que nous.... En pratique, les recherches d'aïeuls et d'aïeules n'aboutissent, pour ainsi dire, à aucun résultat, et il ne me semble pas raisonnable d'obliger tous les futurs conjoints à ces minuties, à ces détails, à ce luxe d'investigations qui ne produisent aucun effet d'une utilité appréciable et suffisante pour compenser les ennuis qu'elles occasionnent. » (Discours de M. l'abbé Lemire, *loc. cit.*)

(2) « D'abord, les ascendants peuvent être au nombre de quatre, deux dans chaque branche. Où sont-ils? Ils sont peut-être dispersés aux quatre coins de l'horizon et il devient, dès lors, extrêmement difficile de les consulter. D'autre part, l'intérêt de la consultation n'existe pas au même degré. Si, dans ma pensée, il est utile de prendre le conseil du père et de la mère en toute hypothèse, cette utilité n'existe évidemment plus au même degré au point de vue des ascendants que, depuis très longtemps, l'enfant a perdus de vue ; et alors je prends les faits tels qu'ils sont : Quel est le but de votre loi? C'est de simplifier les formalités du mariage afin de favoriser les unions légitimes. Or, nous nous trouvons ici en présence de formalités tellement compliquées et tellement vaines, qu'elles doivent disparaître si vous voulez atteindre la simplification que vous poursuivez. Je vais, du reste, vous donner la preuve qu'en les faisant disparaître, vous ne porterez certainement atteinte ni aux sentiments de déférence ni aux sentiments de subordination que les petits-enfants doivent à leurs aïeuls. En effet, les statistiques sont là qui nous éclairent sur la façon dont les consultations sont demandées et sur la façon dont il y est répondu. Nous avons l'exemple d'un pays voisin, la Belgique, dont je vous demande en ce moment d'emprunter la civilisation. En Belgique on a adopté la distinction que je vous propose : on a maintenu la nécessité de l'acte respectueux au regard des père et mère ; on y a renoncé au regard des aïeuls et aïeules.... L'état civil de Bruxelles avait constaté qu'en 1886, année qui a précédé la réforme dont il s'agit, sur 8.028 personnes mariées dans l'agglomération bruxelloise, il s'en était trouvé 1.630 ayant à rechercher leurs aïeuls et aïeules paternels et maternels. Savez-vous

commission, par 297 voix contre 227. Mais, au Sénat, il rencontra en M. Demôle, un adversaire redoutable (1), et fut repoussé à une majorité écrasante, (182 voix contre 60.) Il ne fut pas repris à la Chambre et ne passa pas dans la loi.

quel était le nombre de ces aïeuls et aïeules que ces 1.630 personnes avaient eu à rechercher? Il se chiffrait à 6.520. Elles ont donc eu à consulter ces 6.520 personnes; or, sur ces 6.520 ascendants à consulter sur tous les points du globe, 59 seulement ont été retrouvés, et, sur ces 59 ascendants, un seul a exigé un acte respectueux. Je trouve que ces chiffres sont concluants. Une autre statistique conduit au même résultat. Elle a été dressée à Lille pour 1889. Elle est également éloquente. Sur 3.306 personnes mariées, 596 ont dû rechercher 2.384 aïeuls et aïeules. Or, savez-vous combien on en a découvert sur ce nombre? 30 seulement, et, sur ces 30, un seul acte respectueux a dû être notifié. » (Discours de M. Trarieux, garde des sceaux, *loc. cit.*)

(1) « Est-ce que vous ne comprenez pas l'atteinte profonde que vous alliez porter à notre famille française en décidant que l'enfant qui porte le nom de son grand-père, qui a été élevé par lui, qui est lié vis-à-vis de lui par les obligations du sang et de la loi, qui est son héritier, avec qui il a des relations d'obligations alimentaires réciproques, pourra contracter mariage sans même dire à son grand-père qu'il est dans l'intention de se marier? J'en demande pardon à la commission; mais, est-ce que ce résultat n'est pas absolument monstrueux?... Et que vient-on nous parler de statistiques! En vérité, vous vous placez dans les pays frontières. Vous raisonnez au point de vue de la Belgique ou de la Flandre! Vous avez les yeux fixés sur Bruxelles, sur Lille, ou peut-être sur Roubaix, où, en effet, il y a des émigrations constantes d'un pays vers l'autre et où vous trouvez des ouvriers qui ont quitté leur pays natal, soit des Belges venus en France, soit des Français venus en Belgique, ouvriers qui, naturellement, ne savent plus où sont leurs aïeux dont ils ont perdu la trace! Cela peut arriver dans ces pays; mais quand cela se produirait plus ou moins souvent, ce ne serait pas une raison pour faire fléchir les grands principes de la famille dont je demande l'application. » (Discours de M. Demôle, *Journ. off.*, Sénat, séance du 24 mars 1896.)

Nous extrayons de la réponse très serrée et non moins éloquente du rapporteur, M. Ratier, le passage suivant : « Nous avons simplement à rechercher si l'enfant, arrivé à l'âge où il a la possibilité de se marier sans demander, au point de vue légal, le consentement de ses grands-parents, doit avoir ou non l'obligation d'accomplir

§ 1er. — De l'unique acte respectueux.

82. — Avant la loi du 20 juin 1896 et aux termes des art. 151, 152 et 153 anciens, le fils de vingt-cinq à trente ans, et la fille de vingt et un à vingt-cinq ans, étaient tenus, avant de contracter mariage, de demander le conseil de leurs père et mère ou celui de leurs aïeuls et aïeules par un acte respectueux réitéré deux fois, de mois en mois. Après l'âge de trente ans pour les garçons et de vingt cinq ans pour les filles, un seul acte était suffisant. Dans les

une formalité tout à fait inutile et souvent nuisible. Si la théorie de l'honorable M. Demôle était acceptée dans son intégralité, quelle en serait la conséquence ? C'est qu'à aucun âge l'enfant possédant encore ses parents ou ses grands-parents ne pourrait se marier sans solliciter leur consentement. Il faut cependant abandonner quelque chose de ce principe et comprendre qu'à côté des parents et des grands-parents il y a aussi quelqu'un dont on ne parle pas et qui pourtant joue un grand rôle dans le mariage, je veux parler de l'enfant. Eh bien, l'enfant, lorsqu'il atteint cet âge qui n'est plus l'âge de l'incapacité légale, a-t-il ou n'a-t-il pas la possibilité de se marier librement ? Pourquoi lui imposer cette formalité plus irrespectueuse que respectueuse que le Code exige ? Est-ce, en un mot, une nécessité qu'à cet âge, si l'action morale, qui doit être une sauvegarde et qui ne peut pas être remplacée par une formalité judiciaire, est restée sans résultat, le jeune homme et la jeune fille libres de leurs droits soient arrêtés, dans la célébration d'une union à laquelle ils aspirent, par un acte de procédure à accomplir ? La question ne se présente pas dans d'autres termes. Il ne s'agit plus de savoir si l'enfant peut se marier sans le consentement des grands-parents. La loi leur donne ce droit ; mais si M. Demôle est dans le vrai, si l'autorité paternelle doit être sans bornes et s'exercer vis-à-vis de l'enfant, quelque âge qu'il ait atteint, il faudrait supprimer l'article 148 et dire que jamais les enfants ne pourront se marier sans le consentement de leurs parents ou grands-parents. Si l'on veut, au contraire, faire quelque chose de juste et de raisonnable, il faut se placer dans des limites où les inconvénients disparaissent et où est sauvegardée de façon suffisante l'autorité paternelle. » (Discours de M. Ratier, rapporteur, *loc. cit.*)

deux cas, le mariage ne pouvait être célébré qu'un mois après le troisième ou l'unique acte respectueux.

83. — La loi du 20 juin 1896 a aboli cette distinction et n'exige plus qu'un seul acte respectueux à partir de vingt-cinq ans pour les fils et de vingt et un ans pour les filles. La Chambre a maintenu le principe du conseil des père et mère, mais elle a pensé, avec juste raison, que le renouvellement de la demande était une formalité surannée et inutile ; elle a donc supprimé deux actes respectueux.

84. -- Contrairement à ce qui avait été primitivement voté par la Chambre des députés, la loi nouvelle maintient aussi l'obligation de demander le conseil des aïeuls et aïeules lorsque les père et mère sont décédés ou dans l'impossibilité de manifester leur volonté. Du moment qu'elle ne supprimait pas l'acte respectueux, il était logique de le laisser subsister envers les aïeuls et aïeules aussi bien qu'envers les père et mère. Quelle différence peut-on faire entre eux ? Les aïeuls n'ont-ils pas les mêmes motifs d'attachement et d'affection pour veiller au mariage de leurs petits-enfants ? Ainsi que l'a dit M. Demôle, ne sont-ils pas liés avec eux par les obligations du sang et de la loi ? Le Code civil ne leur confère-t-il pas la tutelle de plein droit lorsqu'il n'a pas été choisi au mineur un tuteur par le dernier mourant de ses père et mère ? Souvent donc ils ont élevé l'enfant, peut-être depuis l'âge le plus tendre, et ils ne seraient pas appelés, après sa majorité matrimoniale, à lui donner leur conseil, au même titre que ses père et mère qu'ils ont remplacés pour lui ! Enfin, si le consentement et le conseil des ascendants ne sont pas de simples attributs de la puissance paternelle, mais un devoir de protection envers les enfants, comment le droit à être protégé diminuerait-il lorsque les enfants n'ayant que leurs grands-parents ont d'autant plus besoin d'assistance?

Mais, a-t-on dit, les aïeuls et aïeules sont quelquefois nombreux, et il est difficile et dispendieux de faire signifier un acte respectueux à chacun d'eux. Il peut se faire qu'ils soient très éloignés du domicile des futurs, qu'ils résident aux quatre coins du pays, ou même, dans les populations ouvrières, que l'enfant ignore leur domicile. Nous n'y contredirons pas et il est clair qu'il y a là une source de lenteurs et de dépenses inévitables ; peut-être même reculera-t-on quelquefois devant ces obstacles pour se jeter dans le concubinage. C'est le procès de l'acte respectueux qu'on fait ainsi. Qu'on abolisse cette vaine formalité dépourvue de sanction et qui n'est que la dérision du respect des parents ! Mais tant qu'elle sera inscrite dans le Code civil, nous prétendons qu'il serait injuste et illogique de la supprimer envers les aïeuls et aïeules plutôt qu'envers les père et mère.

85. — L'obligation de demander le conseil des père et mère et, à leur défaut, celui des aïeuls et aïeules par un acte respectueux, subsiste depuis l'âge de vingt-cinq ans pour les fils et de vingt et un ans pour les filles, tant que l'enfant, quelque soit son âge, a encore un ou plusieurs ascendants vivants.

86. — L'acte respectueux est également indispensable pour contracter un second mariage.

87. — L'enfant adopté n'est pas tenu de demander pour se marier, soit le consentement, soit le conseil de l'adoptant, car il reste dans sa famille naturelle.

88. — Les enfants naturels légalement reconnus sont soumis aux dispositions relatives aux actes respectueux. Mais, le Code civil ne leur reconnaissant pas d'autres ascendants que leurs père et mère, ils n'ont pas, à défaut de ces derniers, à demander le consentement de leurs aïeuls et aïeules ni, à plus forte raison, leur conseil. Ils ne sont donc tenus à l'acte respectueux qu'envers leurs père et mère.

89. — Quant aux enfants naturels non reconnus, ils n'ont pas de famille aux yeux de la loi, et nous avons vu que, si, jusqu'à vingt et un ans, ils ne peuvent se marier sans le consentement d'un tuteur *ad hoc,* ils peuvent, après cet âge, contracter mariage librement sans demander le conseil de personne.

90. — Les futurs résidant dans les établissements français de l'Océanie et dont les parents habitent en France, ont été dispensés de l'acte respectueux par un décret du 28 juin 1877. Un autre décret du 11 novembre 1887 a accordé la même dispense aux relégués.

91. — Les condamnés qui subissent leur peine dans un établissement pénitentiaire des colonies ne sont pas tenus non plus de demander le conseil de leurs ascendants. (Décret du 24 mars 1866, art. 1er.)

92. — L'acte respectueux doit être notifié aux ascendants qui seraient appelés à donner leur consentement au mariage si l'enfant était mineur de vingt-cinq ans ou de vingt et un ans, et suivant l'ordre hiérarchique que nous avons développé sous le chapitre Ier.

93. — L'acte respectueux doit être signifié à chacun des ascendants et non pas à l'un d'eux seulement lors même qu'ils demeurent sous le même toit. Ainsi, un seul acte notifié au père ne suffirait pas lors même qu'il lui aurait été adressé *tant pour lui que pour la mère*, et que le père aurait répondu *tant en son propre nom qu'au nom de celle-ci* (1).

94. — Si tous les ascendants ont refusé leur consentement, l'enfant pourra-t-il se borner à requérir le conseil de ceux dont le consentement est suffisant, c'est-à-dire du père ou de l'aïeul? Certainement non. L'article 151 prescrit l'obligation d'adresser un acte respectueux aux père et mère ou aux aïeuls et aïeules et non pas seulement au père ou à l'aïeul. Il ne s'agit pas ici du consentement qui fait défaut mais du conseil des parents, et les motifs pour lesquels la loi exige le conseil du père s'appliquent également à celui de la mère.

95. — Dans ce cas de refus des parents des deux lignes, supposons que l'enfant commence par demander le conseil de son père et que celui-ci accorde son consentement sur l'acte respectueux. L'enfant devra-t-il quand même demander le conseil de la mère? Oui, pour que son dissentiment soit constaté. Toutefois si le refus de la mère avait été précédemment établi d'une manière indiscutable, soit par acte notarié, soit par exploit d'huissier, soit enfin par un procès-verbal du maire, ou même par une lettre missive, (*suprà*, n⁰ˢ 3, 4, 5, 6, 7, 8), nous pensons qu'il serait inutile de lui adresser un acte respectueux du moment que le

---

(1) Caen, 12 décembre 1812, D. A. 10. 33; Douai, 25 janvier 1815, D. A. 10. 30; Poitiers, 2 mars 1823, Palais chron. ; Amiens, 15 avril 1837, Palais chron. — Duranton, t. II, n. 106; Delvincourt, t. I, p. 273; Demolombe, t. III, n. 62; Laurent, t. II, n. 324.

consentement en vertu duquel le mariage est possible aurait été obtenu et que le dissentiment se trouverait régulièrement constaté.

96. — De même s'il se produit entre les ascendants un dissentiment qui emporte consentement, c'est-à-dire si le père consent tandis que la mère refuse, (art. 148 C. civ.), ou s'il y a partage entre les deux lignes, (art. 150), l'enfant n'est pas tenu de faire notifier d'acte respectueux à ceux dont le consentement ne lui est pas nécessaire pour se marier (1).

97. — Nous renvoyons au chapitre III l'examen de la question relative à l'acte respectueux notifié aux parents divorcés ou séparés. (Voir chap. III, § 3.)

§ 2.   De la forme de l'acte respectueux.

98. — Le législateur a voulu que l'acte respectueux fût notifié par un notaire afin de lui imposer un caractère pacifique et propre à concilier les parents et les enfants. Un huissier est donc absolument incompétent pour notifier un acte respectueux.

99. — Pour la validité de l'acte respectueux les notaires doivent observer les formalités tracées par la loi organique du notariat, et il est nécessaire qu'il en soit ainsi, à moins d'abandonner la forme de cet acte à l'appréciation arbitraire des notaires et des tribunaux.

100. — L'acte respectueux dressé par le notaire à la

(1) Poitiers, 8 juillet 1830, *Sirey et Pal. chron.* ; Dalloz périod. 30, 2, 263 ; Demolombe, t. III, n. 62.

requête de l'enfant, et sa notification, peuvent être faits par un seul acte ou par deux actes séparés. Dans la pratique les notaires rédigent d'abord un premier acte du mandat qui leur est donné de requérir le conseil des parents ; lorsque cet acte est dressé, le notaire accompagné d'un autre notaire ou de deux témoins, en notifie copie aux ascendants par un acte nouveau qui constitue le procès-verbal de notification. Mais cette division n'est pas indispensable et les deux opérations du notaire peuvent être réunies en un seul acte (1).

101. — Lorsqu'il est procédé par deux actes séparés, la présence du deuxième notaire n'est pas nécessaire à la rédaction de l'acte respectueux, l'article 154 ne l'exige, en effet, impérativement que pour la notification.

102. — L'enfant qui fait faire des actes respectueux à ses parents n'est pas obligé de requérir personnellement le notaire ; il peut employer un mandataire spécial qui le représente.

103. — Est-il nécessaire que l'enfant accompagne le notaire au moment de la notification de l'acte faite aux parents ? Pothier répondait affirmativement, et il est possible que la présence de l'enfant à cette notification ait été dans l'esprit des auteurs du Code civil. Il est dit, en effet, dans l'exposé des motifs, que la notification tend à amener des explications entre les parents et leurs enfants, que l'acte respectueux peut les rapprocher et que se revoir et entrer en explications, c'est presque toujours dissiper les

____

(1) Douai, 27 mai 1835, S. 36. 2. 44 ; Orléans, 3 juin 1870, S. 71. 2. 114. — Demolombe, t. III, n. 75 ; Aubry et Rau, t. V, p. 87, § 463, n. 30 ; Laurent, t. II, n. 329.

nuages et rétablir l'harmonie (1). En se fondant sur ce commentaire presque officiel, plusieurs auteurs ont enseigné que la présence de l'enfant est obligatoire. Mais le vœu du législateur n'ayant pas été traduit dans le texte, la majorité des auteurs et la jurisprudence ont décidé qu'il est inutile que l'enfant accompagne le notaire (2). Malgré l'opinion contraire de Pothier, c'est ainsi que cela se passait dans l'ancien droit, et, en présence de cet usage, il faudrait un texte formel pour faire admettre que le législateur a voulu innover. Loin de se prononcer sur ce point, l'article 151 dit que l'enfant doit demander le conseil de ses père et mère par un acte respectueux, et l'article 154 ajoute que cet acte doit être notifié par deux notaires ou par un notaire et deux témoins. Il n'est pas question de l'enfant. Enfin, cet article exige que le procès-verbal de notification contienne la réponse des parents, d'où l'on peut conclure que si la présence de l'enfant était nécessaire, la loi n'exigerait pas que la réponse fût mentionnée, ce qui serait inutile puisque l'enfant l'aurait entendue.

104. — Le Code civil n'a assujetti l'acte respectueux à aucune formalité essentielle ni à aucune formule sacramentelle ; il suffit qu'il résulte clairement de ses termes que le conseil des ascendants est demandé, pour que le vœu de la loi soit rempli. Il doit être conçu en termes de respect, sous peine de nullité. L'acte respectueux ne doit

____

(1) Locré, t. II, p. 426.

(2) Lyon, 15 décembre 1841, S. 42. 2. 168 ; Aix, 12 mars 1844, Dalloz périod. 44. 4. 12 ; Toulouse, 27 novembre 1861, S. 63. 2. 67. — Demolombe, t. III, n. 71 ; Laurent, t. II, n. 331.

pas être une *sommation* mais une demande empreinte de
déférence. Ainsi a été déclaré nul l'acte par lequel l'enfant
« a requis et sommé ses père et mère, avec tout le respect
qui leur est dû, de consentir au mariage qu'il est dans la
ferme résolution de contracter, » ajoutant que « malgré
leur refus, il agira comme s'ils avaient donné leur consentement ; pourquoi il protestait. » (1).

105. — L'acte respectueux doit être formel, c'est-à-dire
faire connaître expressément l'objet de la demande et
contenir exactement les noms, prénoms, âge, domicile,
profession de l'enfant et ceux de la personne avec laquelle
il se propose de contracter mariage. La Cour de Bruxelles
a annulé des actes respectueux dans lesquels un enfant
avait mis son père dans l'impossibilité de lui donner ses
conseils, en lui dissimulant le lieu de sa retraite et en ne
lui indiquant aucune adresse où il pût les lui faire parvenir (2).

106. — Aux termes de l'art. 154 C. civ., le procès-
verbal de notification doit contenir la réponse des parents.
On en avait conclu que l'acte respectueux devait être notifié
aux ascendants, *parlant à leur personne,* et que le notaire
devait se rendre auprès d'eux jusqu'à ce qu'il les eût
trouvés à leur domicile. Mais cette opinion n'a pas été
suivie et l'on est d'accord aujourd'hui pour décider que la
notification est faite valablement au domicile des ascendants

---

(1) Dict. du Notariat, vᵒ *Acte respectueux,* n. 55. Pandectes françaises, vᵒ *Acte respectueux,* n. 103.

(2) Bruxelles, 3 mai 1815, *Paricrasie belge,* 15. 2. 368. Pandectes
françaises, *loc. cit.,* n. 121.

en leur absence. Dans ce cas il est évident que le notaire n'aura pas à relater la réponse des parents.

107. — Il en sera de même si les ascendants refusent de recevoir le notaire ou la copie qui leur est destinée.

§ 3. — Délai d'un mois entre l'acte respectueux et le mariage.

108. — Si l'ascendant donne son consentement à la suite de l'acte respectueux, le mariage peut être célébré sans aucun délai ; mais si la demande de conseil a été infructueuse, la loi ne permet le mariage qu'un mois après la notification. Ce délai est imposé afin que les ascendants aient le temps de se renseigner sur le mariage projeté, d'y réfléchir, d'agir moralement sur leurs enfants et de prendre une décision.

109. — La loi du 20 juin 1896 n'a rien changé sur ce point au Code civil. Nous avons vu que M. Royer, de l'Aube, avait proposé à la Chambre des députés d'élever à trois mois le délai nécessaire entre l'acte respectueux et le mariage, mais sa proposition fut rejetée.

110. — L'article 1033 du Code de proc. civ. dispose que le jour de la signification et celui de l'échéance ne sont pas comptés dans le délai général fixé pour les ajournements, citations, sommations et tous autres actes faits à personne ou domicile. Cette règle n'est pas applicable à l'acte respectueux, parce que l'article 1033 ne vise que les actes de procédure, et les auteurs du Code civil ont voulu précisément que l'acte respectueux n'eût aucune apparence judiciaire. En conséquence, c'est de quantième à quantième que doit être compté le délai d'un mois entre l'acte respectueux et la célébration du mariage. Par exemple, si l'acte respectueux a été notifié le 2 janvier, le mariage peut être célébré le 2 février.

111. — On n'a pas à se préoccuper davantage de la durée du mois, et il est inutile qu'il soit de 30 jours. On suit le calendrier grégorien d'après lequel les mois sont d'inégale durée : ainsi l'acte respectueux ayant été signifié dans le mois de février, le mariage pourra être célébré à la même date du mois suivant (1).

112. — Y a-t-il un délai après lequel l'acte respectueux est périmé si le mariage n'a pas été célébré ? L'art. 65 C. civ. décide que si le mariage n'a pas été célébré dans l'année des publications, il ne peut plus l'être sans que de nouvelles publications aient eu lieu. L'enfant pourra-t-il se marier, bien qu'il ait laissé s'écouler depuis l'acte respectueux un délai très long, six mois, un an, deux ans, par exemple ? Il semble que, dans l'esprit de la loi, il ne devrait pas en être ainsi, car la situation a pu se modifier et donner à l'ascendant de nouveaux motifs de résistance, mais, le Code n'édictant aucune disposition prohibitive sur ce point, on ne saurait y suppléer.

(1) Laurent, t. II, n. 328 ; Demolombe, t. III, n. 67.

CHAPITRE III

Du consentement des père et mère divorcés ou séparés.

ARTICLE 3

L'article 152 C. civ. est ainsi remplacé :

« Art. 152. — *S'il y a dissentiment entre des parents divorcés ou séparés de corps, le consentement de celui des deux époux au profit duquel le divorce ou la séparation aura été prononcé et qui aura obtenu la garde de l'enfant suffira.* »

Origine de l'article 3.

113. — Les anciens articles 152 et 153 C. civ. avaient trait au renouvellement de l'acte respectueux de mois en mois pour les mineurs de vingt-cinq et de vingt et un ans, et à l'unique acte respectueux pour les enfants ayant dépassé cet âge. Ils étaient devenus inutiles par suite de l'adoption de l'article 2 de la loi du 20 juin 1896 qui n'exige plus qu'un acte respectueux, et devaient être abrogés. Mais, à la séance du 4 avril 1895, la commission proposa de les maintenir en les affectant à des dispositions d'une autre nature, afin de ne pas changer le numérotage du Code civil. C'est ainsi que l'article 152 fut remplacé par un amendement de MM. Naquet et Chavoix qui était primitivement ainsi conçu : « Le consentement au mariage des enfants de parents divorcés ne sera pas exigé de celui de ces parents contre lequel le divorce aura été prononcé et qui n'aura pas obtenu la garde de l'enfant. » Cet amendement retiré en séance par ses auteurs, fut repris par la commission d'accord avec le garde des sceaux, et reçut une nouvelle rédaction qui s'étendait, à bon droit, non seulement au divorce, mais encore à la séparation de corps. « La commission a été frappée, disait le rapporteur, M. Bertrand, des inconvénients et des difficultés qui pouvaient se produire à l'encontre d'un enfant qui voudrait obtenir le consentement d'un parent divorcé contre lequel aurait été prononcé le divorce et qui n'a pas la garde de l'enfant. Il est certain que, dans bien des cas, cet époux a pu conserver des sentiments d'affection à l'égard de l'enfant ; mais, parfois dans la pratique, on se heurte à des difficultés très grandes, et l'enfant mineur de vingt-cinq ans peut rencontrer un refus systématique. Dans ces conditions, nous avons l'honneur de vous demander l'adoption de la rédaction suivante qui a été proposée par le garde des sceaux et acceptée par la commission. » (1).

Le projet présenté par la commission fut adopté par la Chambre et ensuite ratifié par le Sénat.

(1) *Journ. off.* Chambre des députés, séance du 4 avril 1895, déb. parl., p. 1190.

§ 1er. — Du dissentiment entre parents divorcés ou séparés.

114. — Avant la loi du 20 juin 1896, le consentement des parents divorcés ou séparés était régi par le droit commun et donnait lieu fréquemment à des difficultés presque insurmontables. Le père contre lequel le divorce avait été prononcé et qui avait été privé de la garde de ses enfants, s'opposait, de parti pris, à leur mariage et pouvait l'empêcher jusqu'à leur majorité. Pour remédier à cette situation, quelques auteurs s'étaient demandé si le divorce prononcé contre le père n'avait pas porté atteinte à la prépondérance que lui accorde l'article 128, *in fine* L'un d'eux avait admis que ces dispositions n'étaient plus applicables après le divorce, et que c'était la volonté de l'époux ayant obtenu la garde de l'enfant qui devait prévaloir (1). Un autre avait soutenu que, dans le cas de divorce, toute prédominance du mari cessait et que la mère avait un droit égal à celui du père, d'où la conséquence que l'enfant ne pouvait se marier sans le consentement de son père et celui de sa mère (2). Mais ces systèmes ne pouvaient pas être accueillis en présence des dispositions très formelles de l'article 148, tant que le législateur ne les aurait pas modifiées.

115. — Le nouvel article 152 comble cette lacune et consacre précisément la dérogation à l'article 148 rendue

---

(1) Villequet, *Traité de divorce,* p. 270.
(2) Goirand, *Traité théorique et pratique de divorce,* 3me éd., p. 301.

nécessaire par le divorce ou la séparation des père et mère. Il ne s'applique donc qu'au cas où le divorce ou la séparation a été prononcé contre le père et où la garde des enfants lui a été enlevée. Seulement il a été rédigé d'une manière plus générale qui vise indistinctement le père ou la mère ayant obtenu le divorce ou la séparation et la garde des enfants. En réalité, il n'a pas d'application envers le père qui a triomphé dans l'instance en divorce ou séparation et a été chargé d'élever les enfants, pour la raison quo l'article 148 qui est maintenu, lui assure alors la prépondérance.

116. — La loi du 20 juin 1896 n'a donc innové et dérogé à l'article 148 que pour le cas de divorce ou séparation et de privation de la garde des enfants, prononcés contre le père. Dans cette hypothèse, le consentement du père ne s'impose plus à la mère en cas de dissentiment; c'est, au contraire, la voix de la mère qui l'emporte.

Quoi de plus juste et de plus sensé ! Le tribunal s'est prononcé contre le père dans le procès de divorce ou de séparation ; il a relevé contre lui des torts graves, il a flétri sa conduite et l'a reconnu indigne d'élever ses enfants. Etait-il possible de maintenir à cet homme vivant au loin et le plus souvent dans le désordre, le pouvoir de s'opposer au mariage de ses enfants contre l'avis de la mère qui les a gardés et élevés, quelquefois depuis leur plus jeune âge, qui connaît mieux que personne non seulement leurs véritables intérêts, mais les secrets de leur cœur et ce qui convient à leur bonheur ? Il ne s'agit pas d'une déchéance du droit de consentir au mariage ; le nouvel article 152 a seulement pour objet d'empêcher que par caprice, ressentiment ou méchanceté, le père divorcé et privé de la garde de ses enfants, ne puisse arrêter un mariage agréé par la mère.

117. — En conséquence, le père devra toujours être consulté. S'il donne son consentement, on tombera dans le droit commun. S'il le refuse, l'article 152 nouveau deviendra applicable. Mais il faut que le dissentiment du père soit constaté, et il le sera par les moyens que nous avons indiqués pour le dissentiment de la mère. (V. *suprà*, n. 3, 4, 5, 6, 7, 8.)

118. — L'officier de l'état civil ayant à célébrer le mariage d'un enfant dont les parents sont divorcés ou séparés devra donc, en principe, exiger le consentement des père et mère. Mais, s'il y a dissentiment entre eux, il recherchera quel est celui des deux époux qui a obtenu à son profit le divorce ou la séparation et la garde des enfants. Si c'est la mère, son consentement triomphera de la résistance du père et il suffira de demander la preuve du refus de ce dernier. Si c'est le père, sa volonté l'emportera et le futur aura seulement à justifier du refus de la mère, comme dans le droit commun.

119. — En cas de dissentiment, si le divorce ou la séparation et la garde des enfants ont été prononcés au profit de la mère, son consentement sera-t-il nécessaire? En d'autres termes, si le père contre lequel le divorce ou la séparation et la garde des enfants ont été tranchés, consent au mariage de son enfant et que la mère s'y oppose, le mariage sera-t-il possible? Le nouvel article 152 dit bien que, dans le cas de dissentiment, le consentement de la mère est suffisant, mais, puisque nous supposons que le consentement de la mère est refusé, il s'agit de savoir s'il est indispensable ou bien si l'on peut passer outre. C'est en raison de l'indignité du père que le législateur accorde la prépondérance au consentement de la mère ; il semblerait donc, que par voie de conséquence, ce consentement dût être nécessaire parce qu'ainsi que nous l'avons dit, la mère est mieux placée que le père pour savoir si tel mariage convient ou ne convient pas à son enfant. Nous croyons cependant qu'il y a lieu de résoudre différemment la question. D'abord il ne faut pas oublier que la loi du 20 Juin 1896 a eu pour unique but de simplifier les formalités du mariage. Or, si l'on décidait que le consentement de la mère est indispensable lorsque le père divorcé ou séparé et privé de la garde des enfants, a donné le sien, on aboutirait à enlever à l'enfant le droit de se marier, en cas de refus de la mère, avec l'unique consentement du père, et à l'exclure du droit commun. Au lieu de simplifier, la loi aurait compliqué, et, loin de faciliter le mariage, elle y aurait créé un nouvel obstacle. Il faudrait un texte formel pour consacrer ce résultat absolument en désaccord avec l'esprit de la loi, et, à son défaut, nous devons le rejeter.

Enfin, si nous interrogeons les travaux préparatoires, nous y voyons que les auteurs de la loi se sont toujours et uniquement préoccupés de l'hypothèse du refus de consentement par le père divorcé ou séparé, et que, dans ce cas, ils ont eu seulement en vue de rendre le consentement de la mère suffisant. C'est, du reste, dans ce sens que s'est prononcé M. le garde des sceaux consulté sur cette question. (Circulaire du procureur de la République de la Seine, chap. III.)

§ 2. — Conditions nécessaires pour que le consentement de la mère soit suffisant.

120. — L'article 152 exige deux conditions pour que le consentement de la mère soit suffisant. Il faut que le divorce ou la séparation ait été prononcé à son profit, et qu'elle ait obtenu la garde de l'enfant. Ces deux conditions doivent se trouver réunies, et si l'un d'elles seulement était accomplie, on rentrerait dans le droit commun.

121. — 1° Il est nécessaire que le divorce ou la séparation ait été prononcé au profit de la mère et seulement à son profit. S'il l'avait été au profit des deux époux, la règle de l'article 152 ne serait pas applicable, mais bien celle de l'article 148. Cela se comprend à merveille puisque, dans cette hypothèse, les époux ont des torts réciproques et qu'il n'y a pas lieu d'accorder à l'un plus de confiance et de pouvoir qu'à l'autre. Cela a été ainsi formellement expliqué dans le cours de la discussion devant la Chambre des députés. « Et si le divorce a été prononcé contre les deux ? » demandait M. Guyot-Dessaigne dans une interruption. « Si le divorce a été prononcé contre les deux, « répondait le rapporteur, c'est le droit commun qui sera « appliqué, et, dans ce cas-là, nous ne recourons pas « à la mesure que nous proposons. » (1)

122. — 2° Il faut que la mère ait reçu la garde de l'enfant. Il s'agit uniquement de l'enfant qui se propose de contracter mariage, car il n'est pas nécessaire

_____
(1) *Journ. off.* Chambre des députés, séance du 4 avril 1895, p. 1190.

que la mère ait obtenu la garde de tous ses enfants pour que l'article 152 soit applicable. On sait, en effet, que les tribunaux ont le droit de confier la garde de tous les enfants ou de quelques-uns seulement à l'époux contre lequel le divorce est prononcé. La mère ayant obtenu le divorce pourra donc n'avoir la garde que d'une partie de ses enfants. Dans ce cas, il est évident que son consentement l'emportera sur le refus du père, seulement quant au mariage des enfants dont elle a la garde. Les autres seront soumis au droit commun.

123. — Examinons les hypothèses qui pourront se présenter dans l'application de notre article :

1º Le divorce ou la séparation a été prononcé au profit des deux époux. L'article 152 ne s'applique pas, et c'est la loi du père qui s'impose.

2º Le divorce ou la séparation a été prononcé en faveur du père, et l'enfant lui a été confié. Le droit commun est également applicable.

3º Le divorce ou la séparation a été prononcé au profit du père, mais la mère a été chargée de l'éducation de l'enfant. Le consentement du père a la prépondérance sur le refus de la mère.

4º Le divorce ou la séparation a été prononcé au profit de la mère, mais l'enfant a été donné au père. Même solution. Le consentement du père suffit. Il en serait de même, dans ces divers cas, si l'enfant avait été confié à un tiers.

5º Enfin, le divorce ou la séparation et la garde de l'enfant ont été accordés à la mère. Dans ce cas seulement s'applique la règle de l'article 152. S'il y a dissentiment entre les époux, il pourra être procédé au mariage sur le seul consentement de la mère.

124. — Mais les décisions des tribunaux relatives à la garde des enfants n'ont qu'un caractère provisoire et sont toujours susceptibles d'être modifiées ou rétractées dans l'intérêt des enfants, sur la demande des époux, de la famille ou du ministère public. (Art. 302). Lorsque des modifications auront été apportées à la garde des enfants, comment s'appliquera la règle de l'article 152 ? Il est évident qu'elle ne sera applicable qu'aux enfants qui seront sous la garde de la mère à l'époque de leur mariage. En conséquence, si des enfants primitivement confiés à la mère, ont été, plus tard, remis au père contre lequel le divorce ou la séparation a été prononcé, et que leur mariage ait lieu pendant qu'ils sont sous sa garde, son consentement l'emportera sur le refus de la mère. A l'inverse, si des enfants remis au père par le tribunal, bien que le divorce ou la séparation ait été prononcé contre lui, sont ensuite confiés à la mère, et qu'ils se marient pendant qu'ils sont sous sa surveillance, en cas de dissentiment, c'est la mère qui imposera sa volonté.

125. — L'article 152 n'est applicable qu'aux père et mère et non aux autres ascendants. On ne conçoit pas, en effet, qu'un aïeul ou une aïeule puissent, en cas de divorce ou de séparation, être chargés ou privés de la garde de leurs petits-enfants. Du reste, il résulte des travaux préparatoires que le législateur ne n'est préoccupé que des père et mère.

126. — Il va de soi que si la mère ayant obtenu le divorce ou la séparation et la garde de l'enfant est décédée,

c'est le consentement du père qui est nécessaire. L'article
152 n'est, en effet, applicable qu'en cas de dissentiment ;
hors de là, le droit commun reprend son empire.

§ 3. — De l'acte respectueux en cas de divorce ou de séparation des parents.

127. — Nous avons toujours raisonné jusqu'ici comme
si l'enfant était mineur de vingt-cinq ou de vingt et un ans.
L'article 152 lui sera-t-il applicable lorsqu'il aura. dépassé
cet âge ? Nous avons dit (chap. II, § 1, n. 94) que, dans le
cas de refus de consentement des père et mère, il est
nécessaire qu'un acte respectueux soit adressé à chacun
d'eux et non au père seul. La même règle doit être obser-
vée lorsqu'il y a divorce ou séparation de corps. Pour qu'il
en fût autrement, il faudrait que l'article 152 dispensât du
consentement et du conseil de l'époux contre lequel le
divorce ou la séparation a été prononcé, tandis qu'il ne
parle que du consentement. Les dispositions de l'article
152 viennent, il est vrai, dans le Code civil, à la suite de
celles relatives à l'acte respectueux, ce qui pourrait faire
penser que cet article est un correctif à l'article 151, et
dispense du conseil comme du consentement. Mais on se
souvient que l'article 3 de la loi du 20 juin 1896 a pris la
place de l'article 152 du Code civil parce que ce dernier
article était devenu inutile ; en réalité, notre article 152
nouveau n'est qu'une dérogation à l'article 148, et c'est à
la suite de ce dernier que ses dispositions eussent été à
leur place. On ne saurait donc tirer aucune conclusion

du rang occupé dans le Code par l'article 3 de la loi nouvelle. En conséquence, dans le cas de refus de consentement des père et mère, la demande du conseil de la mère se trouvant dans les conditions de l'article 152, ne sera jamais suffisante.

128. — Nous avons examiné (n° 95), l'hypothèse où, dans le cas de refus de consentement des père et mère, l'enfant ayant notifié d'abord un acte respectueux à son père, celui-ci avait donné son consentement. Nous avons décidé que, si le dissentiment de la mère était déjà valablement constaté, il devenait inutile de lui adresser un acte respectueux, le consentement en vertu duquel le mariage est possible ayant été obtenu et le dissentiment étant établi. Transportons cette hypothèse dans le cas de l'article 152. La mère qui a obtenu le divorce ou la séparation et la garde de l'enfant refuse son consentement comme le père. L'enfant demande d'abord le conseil de sa mère qui change d'attitude et consent au mariage. Dès lors que le consentement de la mère est obtenu, il n'y a pas lieu de faire un acte respectueux au père, car on rentre dans le cas du dissentiment prévu par l'article 152, qui déclare le consentement de la mère suffisant.

129. — Il doit en être de même lorsque la mère se trouvant dans les conditions de l'article 152, consent au mariage, tandis que le père s'y oppose. Il est inutile d'adresser au père un acte respectueux pourvu que son dissentiment soit établi. (*Suprà,* n. 96.)

§ 4. — Pièces à produire à l'officier de l'état civil en cas de dissentiment entre parents divorcés ou séparés.

130. — L'enfant qui voudra bénéficier de la règle de l'article 152 et contracter mariage sur le seul consentement de sa mère aura à produire les pièces suivantes à l'officier de l'état civil :

1º En cas de divorce, une expédition ou un extrait de la transcription du jugement ou de l'arrêt qui l'a prononcé et a statué sur la garde l'enfant. Toutefois, si la transcription a été faite sur les registres de l'état civil de la commune où le mariage doit avoir lieu, il suffira au maire de s'y référer. Pourquoi, en effet, exiger que l'enfant produise une expédition d'un acte qui figure sur les registres que l'officier de l'état civil a entre les mains ?

En cas de séparation de corps, l'enfant devra produire une expédition ou un extrait du jugement ou de l'arrêt.

2º Si les tribunaux ont statué sur la garde de l'enfant par une décision séparée, le futur devra en fournir une expédition ou un extrait.

3º Il aura enfin à justifier du dissentiment du père soit par un acte notarié, soit par un acte respectueux, soit par un exploit d'huissier ou par un procès-verbal de l'officier de l'état civil du domicile du père, ou même par une lettre missive dont l'authenticité sera suffisamment établie par la légalisation de la signature. (*Suprà*, n. 3, 4, 5, 6, 7, 8.)

131. — Ainsi qu'on le voit, nous pensons qu'une expédition des jugements ou arrêts doit suffire, et qu'il n'est pas utile d'en produire la grosse, c'est-à-dire l'expédition revêtue de la formule exécutoire dont la mère ne voudra pas se dessaisir, parce qu'elle peut en avoir besoin. M. le procureur de la République de la Seine prévoit cette difficulté dans sa circulaire (V. annexe n. 2, chap. III), et il y répond en disant que l'officier de l'état civil pourra se contenter de la notification de ce titre par huissier. Nous croyons qu'on peut épargner et ces formalités et ces frais aux futurs époux, et puisque tout citoyen a le droit de se faire délivrer, par les greffiers des cours et tribunaux, des expéditions ou des extraits des décisions de justice, il est bien plus simple d'exiger seulement du futur une expédition du jugement ou de l'arrêt.

Nous allons jusqu'à dire que l'officier de l'état civil pourra se contenter d'un simple extrait. L'extrait d'un jugement ou d'un arrêt délivré par le greffier n'offre-t-il pas les mêmes garanties qu'une copie ou une expédition ? N'engage-t-il pas, au même titre, la responsabilité du greffier, en cas d'inexactitude ou de faux ? Dans ces conditions, pourquoi obliger les futurs à lever l'expédition coûteuse d'un jugement où il leur sera donné de lire le récit détaillé des désordres qui ont motivé la décision rendue contre leur père ?

132. — Toutes les pièces énumérées ci-dessus, préalablement paraphées par la personne qui les aura produites et par l'officier de l'état civil, seront annexées aux registres. (Art. 44. C. civ.)

CHAPITRE IV

Du consentement des ascendants relégués ou maintenus aux colonies après l'expiration de la peine des travaux forcés.

ARTICLE 4

L'article 153 C. civ. est ainsi remplacé :

« Art. 153. — Sera assimilé à l'ascendant dans l'impossibilité de manifester sa volonté l'ascendant subissant la peine de la relégation ou maintenu aux colonies en conformité de l'article 6 de la loi du 30 mai 1854 sur l'exécution de la peine des travaux forcés. Toutefois les futurs époux auront toujours le droit de solliciter et de produire à l'officier de l'état civil le consentement donné par cet ascendant. »

Origine de l'article 4.

133. — L'ancien article 153 du Code civil disposait qu'après l'âge de trente ans, et à défaut de consentement sur un acte respectueux, le mariage pouvait être célébré après le délai d'un mois. Un seul acte respectueux étant exigé à partir de la majorité matrimoniale, le projet de la commission abrogeait purement et simplement l'article 153 ; mais, dans le cours de la discussion, le rapporteur exposa qu'il était préférable de remplacer cet article par le paragraphe 2 de l'article 155 élaboré par la commission, afin de ne pas créer de lacune dans les numéros du Code.

134. — La disposition de l'article 153 nouveau a son origine dans un amendement de M. Bertrand qui le justifie dans son rapport comme il suit : « Voulant conserver le principe de la nécessité d'obtenir le consentement des ascendants, mais, en même temps, en rendre plus facile l'application dans la pratique, M. Bertrand a appelé l'attention de la commission sur la situation faite aux futurs conjoints devant solliciter le consentement d'ascendants soit subissant la peine de la relégation, soit maintenus aux colonies après l'expiration de leur peine, en conformité de l'article 6 de la loi du 30 mai 1854, sur l'exécution de la peine des travaux forcés. Quels délais, quelles formalités pour obtenir ce consentement ! Et dans un certain nombre de cas, comment l'ascendant peut-il donner un consentement en bonne connaissance de cause, si le futur conjoint et sa famille lui sont absolument inconnus ? » (1).

(1) Rapport de M. Bertrand, *Journ. off.* septembre 1894. Chambre des députés, doc. parl., annexe n° 841.

« Il est très difficile, pour ne pas me servir d'une expression plus énergique, d'obliger un enfant qui veut se marier à solliciter le consentement d'un ascendant qui, depuis un temps déjà peut-être assez long, peut se trouver condamné à la relégation et qui peut être condamné à rester aux colonies après avoir terminé sa peine des travaux forcés, aux termes de la loi de 1854. Cependant votre

§ 1er. — L'article 153 est applicable au mariage des mineurs et des majeurs.

135. — Nous avons examiné (n°s 12 et suivants), les cas, admis par le Code civil, d'impossibilité pour l'ascendant de manifester sa volonté. La loi du 20 avril 1896 assimile à cet ascendant celui qui subit la peine de la relégation et celui qui est maintenu aux colonies après l'expiration de la peine des travaux forcés. Cette assimilation équivaut à une dispense légale de demander le consentement ou le conseil des ascendants se trouvant dans la situation prévue par l'article 153. En effet, le Code civil ne définit pas les cas d'impossibilité de manifester la volonté et laisse ce soin à l'appréciation des officiers de l'état civil, tandis que par les dispositions de la loi du 20 juin 1896, l'ascendant relégué ou maintenu aux colonies est réputé dans l'impossibilité légale d'exprimer sa volonté sur le mariage de ses enfants.

commission n'a pas voulu édicter, en ce qui le concerne, une pénalité nouvelle, et elle conserve à cet ascendant le droit de donner son consentement, que l'officier de l'état civil devra joindre aux pièces exigées pour le mariage. » (*Journ. off.* Chambre des députés, séance du 4 avril 1895, discours de M. Bertrand, p. 1191.)

« L'utilité d'une pareille réforme s'aperçoit aisément. Obliger un enfant dont le père subit une peine à la Nouvelle-Calédonie à obtenir le consentement de ce père ou, à défaut, à lui signifier un acte respectueux, c'est, sinon lui interdire le mariage, tout au moins lui en rendre l'abord bien difficile.

« Dorénavant, cet obstacle n'existera plus, les enfants pourront se passer du consentement d'un père souvent indigne ; mais le projet, respectueux de l'autorité paternelle, leur laisse la faculté de solliciter et de produire à l'officier de l'état civil le consentement qu'ils se croiraient en devoir de requérir. » (Rapport de M. Ratier au Sénat. *Journ. off.*, avril 1896. Sénat, doc. parl., annexe n° 7.)

136. — Personne n'ignore que la relégation consiste dans l'internement perpétuel sur le territoire des colonies prononcé à la suite d'un certain nombre de condamnations. D'autre part, l'article 6 de la loi du 30 mai 1854 sur l'exécution de la peine des travaux forcés, dispose que tout individu condamné à moins de huit ans de travaux forcés, est tenu, à l'expiration de sa peine, de résider dans la colonie pendant un temps égal à la durée de la condamnation, et si la peine est de huit ou de plus de huit années, il est contraint à y résider pendant toute sa vie.

137. — L'article 153 nouveau s'applique à ces deux catégories de condamnés. Mais il faut remarquer que, pour les condamnés aux travaux forcés, il ne vise que ceux qui ont subi leur peine. Pourquoi ? Parce que les auteurs de la loi ont pensé que les condamnés en cours d'exécution de la peine des travaux forcés étaient déjà privés du droit de consentir au mariage de leurs enfants par l'interdiction légale. Or, il est incontestable depuis la loi du 24 juillet 1889, que les condamnés à une peine afflictive et infamante ne sont pas, de plein droit, incapables de donner leur consentement ou leur conseil. (*Suprà*, n. 20.)

La disposition nouvelle aurait donc dû être appliquée aux condamnés aux travaux forcés pour toute la durée de leur internement dans les colonies, tant pendant qu'ils subissent la peine qu'après son exécution. Puisqu'il en est autrement, il va en résulter cette étrange conséquence que l'enfant sera obligé de demander le consentement de son ascendant pendant que celui-ci subira la peine des travaux forcés, et qu'il en sera dispensé dès que l'ascendant aura terminé sa peine. La situation légale du libéré ayant payé sa dette à la société, sera pire que celle du condamné étant encore dans les fers. Ce résultat paraît inacceptable et l'on serait tenté de décider que l'incapacité édictée par la loi nouvelle s'appliquera à *fortiori* au condamné qui subit la peine des travaux forcés. Mais les incapacités étant de droit étroit, il est impossible de l'admettre. Heureusement, la loi du 24 juillet 1889 donne le moyen d'échapper à cette anomalie par la déchéance de la puissance paternelle qui peut toujours être prononcée, quelque soit l'âge des enfants, contro les ascendants condamnés à une peine afflictive et infamante.

138. — L'article 153 s'applique non seulement aux père et mère, mais à tous les ascendants relégués ou maintenus aux colonies. En conséquence, si le père est soumis à la relégation ou maintenu dans les colonies après l'exécution de la peine des travaux forcés, le consentement de la mère sera suffisant. Si c'est la mère, le consentement du père suffira. (Art. 149 C. civ.). Si les père et mère se trouvent tous les deux dans cette position pénale, ils seront remplacés par les aïeuls et aïeules. Il en sera de même si l'un d'eux, le père ou la mère, est relégué ou maintenu aux colonies, et si son conjoint est décédé ou dans un autre cas d'impossibilité de manifester sa volonté. (Art. 150 C. civ.)

139. — Enfin, si les aïeuls et aïeules sont eux-mêmes soit relégués, soit maintenus aux colonies, c'est le consentement du conseil de famille qui devient nécessaire. Il en est de même si l'un d'eux est dans cette situation et si l'autre est décédé ou hors d'état, pour une autre cause, de manifester sa volonté.

140. — L'article 153 est applicable au mariage des

majeurs comme à celui des mineurs. En effet, puisqu'il assimile à l'ascendant dans l'impossibilité de manifester sa volonté, l'ascendant qui subit la peine de la relégation ou est maintenu aux colonies, l'assimilation doit se produire dans tous les cas où le Code civil admet pour les ascendants l'éventualité de l'impossibilité de manisfester leur volonté. Or, cette éventualité est prévue non seulement pour le consentement au mariage des mineurs (art. 149, 150 et 160), mais aussi pour le simple conseil (art. 151). Quelle raison y aurait-il de distinguer et d'exclure les majeurs de vingt-cinq et de vingt et un ans du bénéfice de la disposition nouvelle? Pourquoi les mineurs pourraient-ils contracter mariage sans obtenir le consentement de leurs ascendants relégués ou maintenus aux colonies, tandis que les majeurs seraient dans l'obligation de leur adresser un acte respectueux pour avoir leur conseil ? Pourquoi la loi aurait-elle voulu simplifier les formalités pour les mineurs et les laisser plus compliquées pour les majeurs ? Enfin si l'ascendant est réputé hors d'état de donner son consentement, comment serait-il plus qualifié pour donner son conseil ?

141. — Du reste, il résulte des travaux préparatoires, que les auteurs de la loi ont eu l'intention d'appliquer l'art. 153 au mariage des majeurs aussi bien qu'à celui des mineurs. A la vérité, le rapporteur devant la Chambre des députés n'a parlé, soit dans son rapport, soit dans ses explications à l'Assemblée, que de la demande du consentement au mariage ; mais, dans le rapport au Sénat, M. Ratier a parfaitement prévu l'hypothèse du mariage des majeurs en disant : « Obliger un enfant dont le père subit une peine à la Nouvelle Calédonie, à obtenir le consentement de ce père, ou, à défaut, *à lui signifier un acte respectueux*, c'est, sinon lui interdire le mariage, tout au moins lui en rendre l'abord très difficile. » C'est aussi dans ce sens que s'est prononcé M. le garde des sceaux, dans sa circulaire où nous lisons à propos de l'article 153 : « Les futurs époux restent alors libres, mais il ne leur est plus imposé d'obtenir le consentement *ou de solliciter le conseil* des ascendants. » (Conf. circulaire du Procureur de la République de la Seine, chap. IV.)

§ 2. — La dispense de demander le consentement ou le conseil est facultative.

142. — Le législateur a entendu instituer pour l'ascendant qui se trouve dans les conditions prévues dans l'art. 153, une simple présomption d'impossibilité de manifester son consentement. Il n'a pas voulu atteindre le condamné en imprimant à ses dispositions un caractère de répression, et, à cet effet, il a rendu facultative la présomption qu'il établissait contre lui. C'est ce qui résulte formellement des déclarations du rapporteur de la commission devant la Chambre des députés. (*Suprà*, n. 134, note 1).

143. — En dépit de l'intention manifeste du législateur, l'article 153 n'en a pas moins un caractère pénal. Il est certain, en effet, que les auteurs de la loi ne se sont pas fondés sur l'éloignement de l'ascendant pour édicter l'assimilation dont il s'agit. Ce motif eut été insuffisant puisque nous savons que la distance n'est pas pour l'ascendant une cause d'impossibilité de manifester sa volonté. Il a fallu se baser sur l'indignité avérée de l'ascendant, considérer la peine à laquelle il a été condamné et en faire ressortir une conséquence nouvelle qui n'est autre chose qu'une véritable incapacité de consentir au mariage de ses enfants. C'est en vain que le législateur s'efforce de pallier son innovation sous l'euphémisme d'assimilation à l'impossibilité de manifester la volonté; c'est bien une déchéance, une diminution d'état qu'il institue, puisque l'ascendant qu'il vise n'aura plus sur le mariage de ses enfants le pouvoir que lui accordait le Code civil. Enfin, cette atteinte portée à la puissance paternelle sera toujours le résultat d'une peine, relégation ou travaux forcés. A ce double point de vue elle a un caractère pénal comme la dégradation civique et l'interdiction des droits civiques, civils et de famille. D'ailleurs l'article 153 nouveau apparaît comme une extension de la loi sur la déchéance de la puissance paternelle à deux catégories de condamnés qui n'y sont pas compris, et la plupart des auteurs reconnaissent à cette loi un véritable caractère pénal (1).

Les auteurs de la loi ont cru se soustraire à ce résultat, en décidant que les futurs époux auraient toujours le droit de solliciter et de produire le consentement de cet ascendant; mais hélas! la dispense est facultative seulement pour l'enfant, ce qui permet de présager qu'il n'usera pas souvent de la faculté que la loi lui donne. Ainsi l'ascendant pourra donner son consentement si on le lui demande; mais nul ne sera tenu de le lui demander. Il a le droit de

____

(1) Leloir. *De la puissance paternelle*, n°s 403 et 502.

le donner, mais seulement s'il plaît à ses enfants de le requérir. Droit dérisoire, ridicule roseau que la loi place, en guise de sceptre, entre les mains de ce malheureux ! Et non seulement il ne sera appelé ni à consentir ni à donner son avis, si telle est la volonté de ses enfants, mais d'autres exerceront ses droits à sa place comme s'il était mort. N'est-ce pas là une dure peine ?

144. — Cette regrettable restriction apportée à notre cas d'impossibilité de manifester la volonté des ascondants aura des conséquences bizarres. Ainsi, dans la même famille, il arrivera que certains enfants demanderont le consentement ou le conseil de l'ascendant, tandis que d'autres, plus méprisants pour le père déchu, s'en passeront, et de là naîtront, peut-être, des jalousies et des haines qui pourront n'être pas sans danger.

145. — Nous allons voir un résultat bien plus étrange encore. Supposons que l'ascendant auquel son consentement est demandé, dans l'hypothèse de l'art. 153, le refuse. Dès que l'enfant sollicite le consentement de cet ascendant, il le relève de l'incapacité présumée par la loi ; dans ce cas, l'ascendant reprend tous ses droits et recouvre toutes les prérogatives que lui accorde le Code civil. Son refus va donc l'emporter sur la volonté de la mère, et cet homme, dont le droit était éteint par la loi elle-même, si son enfant ne l'avait pas ranimé, pourra empêcher le mariage. L'enfant qui, par pitié et respect, tiendra à s'incliner devant un père indigne, donnera dans le piège involontairement tendu par la loi, et, victime de son excès de tendresse, aura suscité de ses mains un obstacle insurmontable à son mariage. Il lui sera, en effet, impossible de se soustraire à la volonté paternelle une fois qu'il se sera placé sous sa protection par la demande de consentement. Ayant reconnu l'ascendant apte à manifester sa volonté, il ne pourra plus prétendre au bénéfice de l'art. 153, et, s'il passe outre, son mariage sera nul.

146. — Combien il eut été préférable que le législateur, moins timide, édictât une incapacité absolue dans laquelle il aurait englobé tous les condamnés à des peines afflictives et infamantes, ainsi que les relégués ! Il y aurait eu plus d'unité dans la loi, et plus d'égalité entre ces condamnés dont les uns sont déchus du droit de consentir au mariage de leurs enfants, tandis que les autres ne le sont pas, suivant que la déchéance a été prononcée ou non, et que d'autres encore ne le sont que selon la volonté ou le caprice de leurs enfants.

147. — En attendant ce perfectionnement, le futur reste juge de la capacité de l'ascendant relégué ou maintenu aux colonies, et s'il en produit le consentement, l'officier de l'état civil doit l'annexer aux pièces dans la forme ordinaire. S'il préfère ne pas le produire, il doit fournir un extrait du jugement ou de l'arrêt qui a prononcé la relégation ou les travaux forcés, et qui lui sera délivré par le greffier du tribunal ou de la cour d'assises ayant prononcé la condamnation. Les greffiers ne sauraient refuser aux intéressés les extraits de jugements ou d'arrêts qui leur seraient nécessaires pour répondre au vœu de l'art. 153, et, en cas de résistance de leur part, les parquets pourraient les y contraindre.

CHAPITRE V

De la preuve de l'absence ou du décès des ascendants.

———

ARTICLE 5

Les dispositions suivantes sont ajoutées à l'art. 155 C. civ. :

« Il n'est pas nécessaire de produire les actes de décès des père et mère des futurs mariés lorsque les aïeuls ou aïeules pour la branche à laquelle ils appartiennent attestent ce décès ; et, dans ce cas, il doit être fait mention de leur attestation dans l'acte de mariage.

« Si les ascendants dont le consentement ou conseil est requis sont décédés, et si l'on est dans l'impossibilité de produire l'acte de décès ou la preuve de leur absence, faute de connaître leur dernier domicile, il sera procédé à la célébration du mariage des majeurs sur leur déclaration, par serment, que le lieu du décès et celui du dernier domicile de leurs ascendants leur sont inconnus.

« Cette déclaration doit être certifiée aussi par serment

des quatre témoins de l'acte de mariage, lesquels affirment que, quoiqu'ils connaissent les futurs époux, ils ignorent le lieu du décès de leurs ascendants et de leur dernier domicile. Les officiers de l'état civil doivent faire mention, dans l'acte de mariage, des dites déclarations. »

Origine de l'article 5.

148. — Nous ayons vu que M. Lemire avait proposé à la Chambre des députés de supprimer la demande de conseil des aïeuls et aïeules parce que la recherche de ces ascendants présente souvent des difficultés. La commission proposa de remédier à cet inconvénient par une disposition additionnelle à l'article 151, qui était ainsi conçue (1) : « Si le domicile et la résidence des aïeuls ou aïeules dont le consentement ou le conseil est requis sont inconnus, il sera procédé à la célébration du mariage sur la production d'un certificat établissant cette situation et délivré par le maire du lieu où ces ascendants avaient leur dernier domicile ou dernière résidence connus. » (2).

(1 et 2) « Dans le but de répondre à ceux qui soutiennent, non sans raison, que la recherche des aïeuls et aïeules en vue d'obtenir leur consentement peut parfois présenter des difficultés et des lenteurs regrettables, mais pour maintenir, en même temps, le principe de l'autorité de ces ascendants, M. Bertrand a proposé une disposition additionnelle à la nouvelle rédaction de l'art. 151 ; d'après cette disposition qui formerait le deuxieme paragraphe et s'appliquerait bien entendu seulement à cet art. 151, le consentement des aïeuls ou aïeules continuerait à être exigé si leur domicile ou leur residence sont connus, mais dans la negative, il suffirait d'un certificat du maire établissant cette situation. » (Rapport de M. Bertrand. *Journ. off.* août et septembre 1894, Chambre des députés, doc. parl., p. 1160, col. 2.)

149. — L'amendement Lemire ayant été adopté par la Chambre, la proposition de la commission devint sans objet (1), et MM. Jullien et Lefoullon proposèrent alors d'ajouter à l'art. 155 le paragraphe 2 de l'avis du Conseil d'Etat du 4 thermidor an XIII.

150. — La commission accueillit cet amendement et y ajouta, à son tour, le paragraphe 1er de l'avis du Conseil d'Etat avec une légère modification. L'article 155 se compose donc désormais de son ancien texte qui forme le premier alinéa, et de l'arrêté de thermidor tout entier qui fait l'objet des paragraphes 2, 3 et 4.

§ 1. — Preuve de l'absence des ascendants.

151. — Le premier paragraphe de l'article 155 fixe les modes de preuve de l'absence de l'ascendant auquel eût dû être fait l'acte respectueux. Il dispose qu'en cas d'absence de cet ascendant « il sera passé outre à la célébration du mariage, en représentant le jugement qui aurait été rendu pour déclarer l'absence, où, à défaut de ce jugement, celui qui aurait ordonné l'enquête, ou, s'il n'y a point encore eu de

(1) M. l'abbé Lemire avait combattu cette proposition en ces termes : « La disposition de M. Bertrand aurait un inconvénient. Le certificat qu'elle indique est fourni par le maire du dernier domicile connu. Ce magistrat ne peut attester qu'une chose, à savoir que les ascendants dont il s'agit ont habité dans sa commune. Mais il n'atteste pas qu'ils sont morts ; il n'atteste pas qu'ils sont dans l'impossibilité d'exprimer leur volonté. Ils peuvent être ailleurs et les futurs conjoints peuvent le savoir, et ces futurs conjoints peuvent se couvrir de l'ignorance du maire à qui ils écrivent, pour cacher et dissimuler leur propre science et se dispenser de toute recherche. » (*Journ. off.* Chambre des députés, séance du 2 avril 1895, débats parl., p. 1181.)

jugement, un acte de notoriété délivré par le juge de paix
du lieu où l'ascendant a eu son dernier domicile connu.
Cet acte contiendra la déclaration de quatre témoins appelés d'office par le juge de paix. »

152. — L'article 155 envisage trois phases de l'absence.
La première est celle où l'absence a été déclarée par les
tribunaux conformément à l'article 119 C. civ. Dans ce cas,
il suffit de produire une expédition du jugement.

153. — La seconde est celle où la procédure de déclaration
d'absence n'étant pas terminée, le tribunal a seulement
ordonné l'enquête. Par ce jugement l'ascendant étant pré-
sumé avoir disparu depuis au moins quatre ans, le futur
est dispensé de demander son conseil comme si l'absence
était déclarée, moyennant la production de l'expédition du
jugement ordonnant l'enquête.

154. — Enfin, troisième hypothèse, le jugement préparatoire n'a pas été rendu ou l'instance en déclaration d'absence n'a pas été engagée : l'absence est seulement présumée. Alors il suffit d'un acte de notoriété délivré par le
juge de paix du lieu où l'ascendant avait son dernier
domicile. Mais, à la différence de l'acte de notoriété tenant
lieu d'acte de naissance pour le mariage (art. 71 C. civ.),
celui-ci contient la déclaration de quatre témoins seulement au lieu de sept, qui sont convoqués d'office par le
juge de paix, et il n'est pas soumis à l'homologation du
tribunal.

155. — L'acte de notoriété n'est-il admis qu'autant que
l'ascendant a disparu depuis un temps suffisant pour autoriser la demande de déclaration d'absence, c'est-à-dire
depuis plus de quatre ans ? Non. L'article 155 ne fait pas

cette distinction et permet de célébrer le mariage sur un
acte de notoriété toutes les fois qu'en cas d'absence de
l'ascendant, il n'y a pas de jugement déclarant l'absence
ou ordonnant l'enquête. S'il en était autrement, le mariage
des enfants serait impossible jusqu'à ce que le tribunal eût
rendu l'un ou l'autre de ces jugements, c'est-à-dire pendant quatre ans au moins, ce qui serait absurde.

156. — Mais à partir de quel moment l'ascendant disparu sera-t-il réputé absent? La loi ne précise pas le point
de départ de la présomption d'absence. Les auteurs s'ac-
cordent à dire qu'elle commence avec l'incertitude sur
l'existence de la personne. Les causes de la disparition, le
défaut de nouvelles, font naître plus ou moins vite cette
incertitude, mais il est impossible d'établir une règle ou de
fixer un délai. On ne saurait même conclure de l'article 142
C. civ. (1), que la présomption d'absence ne peut commen-
cer que six mois après la disparition. C'est une question
d'appréciation qui dépend uniquement des circonstances.
Ainsi l'ascendant a brusquement déserté le foyer conjugal,
abandonné sa femme et ses enfants, les laissant sans nouvelles ni ressources ; il a des intérêts qui exigent sa présence et ne s'en inquiète plus, ou bien il avait annoncé son
intention de disparaître pour toujours. Tous ces faits sont
évidemment de nature à justifier la présomption d'absence
et à autoriser la présentation d'un acte de notoriété (2).

_____

(1) Art. 142. — « Six mois après la disparition du père, si la mère
était décédée lors de cette disparition, ou si elle vient à décéder
avant que l'absence du père ait été déclarée, la surveillance des enfants sera déferee, par le conseil de famille, aux ascendants les plus
proches, et, à leur défaut, à un tuteur provisoire. »

(2) Demolombe, *Traité des absents*, n. 17.

157. — Les termes de l'article 155 pourraient laisser croire que, dans le cas d'absence de l'ascendant auquel doit être fait l'acte respectueux, on peut se marier, moyennant la preuve de l'absence, sans demander le conseil de l'ascendant qui remplace l'absent dans l'ordre hiérarchique de la parenté. « *Il sera passé outre à la célébration du mariage* », dit le texte, en représentant le jugement ou, s'il n'y en a pas eu, un acte de notoriété. D'où on serait en droit de conclure qu'il suffit de prouver l'absence du père pour être dispensé de faire un acte respectueux à la mère, et ainsi de suite pour les autres ascendants. Mais nous savons que le Code civil oblige les enfants qui ont atteint la majorité matrimoniale à demander le conseil de leur père et de leur mère, ou celui de leurs aïeuls et aïeules lorsque leurs père et mère sont décédés ou dans l'impossibilité de manifester leur volonté, c'est-à-dire que, pour le conseil comme pour le consentement, les ascendants décédés ou hors d'état de donner leur avis, sont remplacés par les ascendants supérieurs les plus rapprochés. (Art. 151). L'impossibilité de manifester la volonté est assimilée à la mort, et l'ascendant légalement absent est, au premier chef, dans l'impossibilité de faire connaître sa décision.

§ 2. — Preuve du décès des ascendants.

158. — Aux termes du deuxième alinéa de l'article 155, il n'est pas indispensable de produire les actes de décès des père et mère lorsque les aïeuls et aïeules pour la branche à laquelle ils appartiennent attestent ce décès, et il suffit de mentionner leur attestation dans l'acte de décès.

159. — Ces dispositions sont la reproduction du premier paragraphe de l'avis du Conseil d'Etat du 4 thermidor an XIII, auquel la loi du 20 juin 1896 a seulement ajouté ces mots : « pour la branche à laquelle ils appartiennent. » Sous l'empire de l'arrêté de thermidor, on ne savait pas si les aïeuls et aïeules devaient ou pouvaient attester le décès des père et mère de l'un ou de l'autre des futurs, indistinctement. Aussi la nouvelle loi a précisé que, désormais, les aïeuls et aïeules de chacun des futurs époux ne pourraient attester que respectivement le décès des père et mère. L'attestation faite par les aïeuls de l'un des futurs, du décès des parents de l'autre futur ne saurait avoir, en effet, aucune valeur, et c'est avec raison que notre loi dispose que les aïeuls et aïeules pourront attester le décès des père et mère de leur petit-enfant, et non celui des père et mère de l'autre futur époux.

160. — Ni l'avis du Conseil d'Etat, ni l'article 155 n'exigent que l'attestation soit faite sous serment comme celle des futurs et des témoins dont il est question aux paragraphes 3 et 4.

161. — Il semble résulter du texte que l'attestation du décès faite par les aïeuls et aïeules dispense, dans tous les cas, de produire les actes de décès des père et mère. Il n'en est rien et la déclaration des grands-parents ne supplée aux actes de l'état civil qu'autant qu'il est impossible aux futurs de se procurer ces actes. La production des actes de décès est la règle, et elle ne comporte d'exception que dans le cas où il y a impossibilité matérielle de les fournir, soit parce qu'on ignore le lieu du décès, soit parce que l'acte n'en a pas été dressé ou pour tout autre motif, tel que l'incendie ou la perte des registres. Cela ressort des considérants de l'avis du Conseil d'Etat qui prévoient l'hypothèse du défaut d'acte de décès comme l'article 71 prévoit celle du défaut d'acte de naissance et l'impossibilité de se le procurer. « Considérant, y est-il dit, que les difficultés viennent de ce que les officiers de l'état civil ne discernent pas assez soigneusement les divers cas que la loi a voulu régler de ceux qu'elle a laissés à la disposition des principes généraux et du droit commun ; que, quoique l'acte de naissance des futurs mariés soit nécessaire, il est pourtant permis de le remplacer par les formalités prescrites par l'article 71 ; mais que les formalités prescrites lorsqu'il s'agit de suppléer au titre constitutif de l'état des personnes, ne peuvent être exigées en remplacement d'actes moins essentiels ; qu'il ne faut donc pas pour remplacer l'acte de décès des père et mère ou ascendants, un acte de notoriété contenant la déclaration de sept témoins et homologué par le tribunal ; que le supplément naturel de l'acte de décès des père et mère est dans la présence des aïeuls et aïeules et dans l'attestation qu'on peut leur demander de ce décès. »

162. — L'article 155, § 2, vise seulement le décès des père et mère ; mais si les aïeuls et aïeules sont décédés, l'attestation du décès faite par les bisaïeuls et bisaïeules pourra-t-elle suppléer aux actes de l'état civil ? L'affirmative est certaine, car il existe une analogie complète entre les deux cas, et il est permis de supposer que si le Conseil d'Etat a voulu faciliter le mariage lorsqu'il est impossible de produire les actes de décès des père et mère, en dispensant les futurs de recourir à un jugement, il est conforme à son esprit de le favoriser également lorsqu'il s'agit du décès des aïeuls et aïeules. Du reste, les motifs que nous venons de citer s'appliquent indistinctement au remplacement des actes de décès des père et mère « *ou ascendants.* » (1).

163. — On s'est demandé si, dans le cas de décès du père ou de la mère, il ne serait pas permis d'admettre un mode de preuve analogue à celui qu'autorise le Conseil d'Etat dans le cas de décès des deux époux, et de remplacer l'acte de l'état civil impossible à trouver, par l'attestation du décès faite par le conjoint survivant. La plupart des auteurs se prononcent affirmativement (2), et, malgré que la loi du 20 juin 1896 soit muette sur ce point comme le texte de thermidor, la solution doit être la même. Cependant M. Demolombe combat cette opinion parce qu'on doit, à son avis, se mettre plus en garde contre la déclaration du père ou de la mère attestant le prédécès de son conjoint que contre la déclaration des aïeuls et aïeules, attestant le décès des père et mère. Dans ce dernier cas, dit-il, il n'y a pas d'inconvénients et on n'a pas à craindre qu'un aïeul veuille marier son petit-fils contre le gré et à l'insu du père ou de la mère, mais ce danger existerait si l'on se contentait de la déclaration du père attestant le décès de la mère, et « de celle de la mère surtout qui attesterait le décès du père pour faire faire à sa fille ou à son fils un mariage auquel le père n'aurait pas voulu consentir. » Il enseigne en

---

(1) Mersier, *Traité théor. et prat. des actes de l'état civil,* p. 237, n. 205. Pandectes françaises, *Recueil mensuel,* 1896. 3. 118, note 3.

(2) Aubry et Rau, t. V, § 462, p. 72, note 27. *Contrà,* Demolombe, t. III, n. 40.

conséquence qu'on doit appliquer l'article 155, § 1, et présenter un acte de notoriété (1).

Les scrupules de l'illustre auteur sont assurément exagérés. Les dangers qu'il voit dans l'attestation du décès par le conjoint survivant n'existent-ils pas également pour la déclaration des aïeuls? Tous les ascendants vivent-ils en parfaite harmonie avec leurs enfants? Combien en voit-on, dans les populations ouvrières, qui ont dû s'emparer de leurs petits-enfants pour les soustraire à la misère, leur épargner de mauvais exemples ou les sauver de l'abandon ; et que de fois, lorsque ces enfants sont assez grands pour travailler ou pour mendier, leurs parents viennent les réclamer impérieusement à ceux qui les ont élevés! Ne peut-on pas imaginer encore d'autres hypothèses où les aïeuls voudront éluder la volonté des père et mère? Dans tous ces cas, la fraude est possible, et cependant le Conseil d'Etat et l'article 155 aujourd'hui, admettent la simple attestation du décès. Enfin, M. Demolombe paraît surtout préoccupé par la déclaration de la mère, qu'il trouve particulièrement dangereuse. Cette crainte n'est-elle pas aussi chimérique que les autres? Pourquoi la mère serait-elle plus capable d'une tromperie que le père? Nous partagerions les hésitations de cet auteur si l'attestation de l'un des époux devait, dans tous les cas, dispenser de la production de l'acte de décès do l'autre conjoint ; mais nous savons que ce n'est qu'autant que, pour une cause quelconque, l'acte de l'état civil ne peut pas être produit que la loi admet la dispense.

(1) Demolombe, t. III, n. 40.

164. — Il ne suffira donc pas que le père ou la mère se présente et déclare qu'il attestera le décès de son conjoint. Il devra justifier qu'il a recherché l'acte de décès et qu'il n'en existe pas, ou tout au moins qu'il n'en a pas trouvé ; ainsi, il sera porteur d'un certificat du maire du lieu du domicile de l'ascendant constatant que le lieu du décès est inconnu, ou que l'acte n'en a pas été inscrit, ou bien encore que le décès a été déclaré comme celui d'un inconnu, etc., etc. Dans ces hypothèses, comme dans toutes celles où la déclaration ne paraîtra pas suspecte, l'officier de l'état civil devra procéder au mariage sur l'attestation du décès faite par le conjoint survivant.

§ 3. — Impossibilité de prouver l'absence ou le décès des ascendants.

165. — Nous avons supposé jusqu'ici que l'absence ou le décès des ascendants étaient établis soit par un jugement, soit par un acte de notoriété, soit par l'attestation des aïeuls et aïeules survivants. Il nous reste à examiner le cas où il est impossible de produire les actes de décès ou la preuve de l'absence, faute de connaître le dernier domicile des ascendants.

166. — L'avis du Conseil d'Etat permettait de procéder au mariage sur la déclaration faite sous serment par les futurs et les quatre témoins, que le lieu du décès et celui du dernier domicile des ascendants leur étaient inconnus. Seulement, il n'obligeait pas l'officier de l'état civil à se contenter de ces attestations, et lui en donnait seulement la faculté. Le maire avait donc le droit d'apprécier s'il convenait de dispenser les futurs de la production des actes justificatifs du décès ou de l'absence. Mais, quoi qu'en ait dit M. l'abbé Lemire à la Chambre des députés, l'avis du Conseil d'Etat était partout libéralement appliqué, soit dans les villes, soit dans les campagnes dont les maires ne sont pas les « petits potentats » qu'a dénoncés le député socialiste du Nord, mais de braves gens élus comme lui par le suffrage universel, désireux de bien faire et de se rendre utiles à leur pays dans la modeste mesure de leurs moyens (1).

Quoi qu'il en soit, la loi de 1896 a rendu obligatoires les dispositions de l'avis du Conseil d'Etat, dont elle a fait les troisième et quatrième alinéas de l'article 155. En consé-

(1) « Dans nos campagnes, où les maires sont pour ainsi dire de petits potentats lorsqu'ils ne sont pas espionnés par des concurrents politiques ou surveillés par une administration tracassière, les maires acceptent facilement la manière de s'en tirer que leur offre le texte de thermidor. Par compassion, par bonté d'âme, par serviabilité, ils dispensent volontiers les futurs conjoints de l'ennui de rechercher le dernier domicile de leurs ascendants. Mais il y a des maires qui ne se prêtent pas à cette petite combinaison ; il y en a qui sont préoccupés par les menaces de la loi.... Cela arrive surtout dans les mairies des grandes villes. Là, c'est un employé qui tient les registres de l'état civil et qui donne les renseignements sur les conditions du mariage ; cet employé n'est pas maître d'agir comme il lui plaît et d'apprécier les choses à sa façon. Il est obligé de rendre compte à un supérieur ; il n'a pas d'initiative personnelle ni de responsabilité. Dans ces mairies, principalement dans quelques-unes des mairies de Paris que je pourrais citer, on refuse obstinément, même lorsque des circonstances le justifieraient le mieux, d'appliquer cet avis du Conseil d'Etat, et on oblige les futurs conjoints à rechercher toujours leurs vieux parents. C'est surtout dans la ville de Paris qu'on devrait être conciliant, mais on ne peut pas l'être. Pourquoi ? Parce que les employés des mairies ne connaissent pas les gens qui se présentent devant eux. Ils ont été trompés parfois, ils craignent de l'être toujours. » (*Journ. off.* Chambre des députés, séance du 2 avril 1895, p. 1180.)

quence, les officiers de l'état civil ne seront plus juges de la question de savoir si les futurs peuvent ou non bénéficier des dispositions de l'avis du Conseil d'Etat. Ils devront procéder au mariage sur la déclaration sous serment des futurs que le lieu du décès et du dernier domicile de leurs ascendants est inconnu, et sur la déclaration également assermentée des témoins qu'ils connaissent les futurs mais ignorent le lieu du décès et le dernier domicile de leurs ascendants.

167. — L'officier de l'état civil devra-t-il s'en rapporter servilement à ces déclarations et, dans tous les cas, sera-t-il obligé de procéder au mariage ? Non, dit M. le garde des sceaux dans sa circulaire. Il pourra s'y refuser s'il apparaît « que les futurs époux ne sont pas sincères et veulent faire fraude à la loi. » Le maire conserve donc un certain pouvoir d'appréciation sur la sincérité des attestations. Il pourra lorsqu'il aura des soupçons basés sur des indices sérieux, exiger des futurs la preuve qu'ils ont fait des recherches pour retrouver l'acte de décès ou le lieu du dernier domicile des ascendants. Or, c'est précisément cette obligation que notre loi a voulu éviter aux futurs. L'officier de l'état civil devra donc se montrer très prudent pour conclure à la fraude, et il ne pourra pas se fonder uniquement sur les apparences souvent trompeuses, mais seulement sur des faits positifs.

168. — Il est impossible de définir les cas où la fraude apparaîtra. Elle serait évidente, par exemple, s'il était à la connaissance personnelle du maire ou s'il résultait d'autres circonstances que les ascendants ont été domiciliés dans tel ou tel lieu. Elle pourrait être également soupçonnée si les futurs étaient venus se fixer dans la commune, loin de leur pays d'origine, sans autre motif apparent que l'intention d'y faire célébrer leur mariage.

169. — En fait, il arrivera le plus souvent que les futurs demandant à bénéficier de l'article 155 justifieront des démarches qu'ils auront faites. Ils produiront des certificats du maire du lieu d'origine de leurs ascendants, des actes de l'état civil dans lesquels le décès de ces ascendants sera mentionné, etc... Mais s'ils ne peuvent fournir aucun document de ce genre, le maire ne pourra pas les exiger, sauf le cas de fraude.

Nous ne saurions trop conseiller aux maires qui auront quelques scrupules en cette matière, à soumettre les cas embarrassants au procureur de la République de leur arrondissement, qui leur donnera ses instructions.

170. — Les attestations des futurs et des témoins doivent être mentionnées dans l'acte de mariage avec l'indication qu'elles ont été faites sous serment.

171. — A la simple lecture de l'article 155, on pourrait croire que l'absence ou le décès des ascendants doivent être attestés par les deux futurs. En réalité, seul, le futur dont les ascendants sont absents ou décédés doit en faire la déclaration appuyée par celle des témoins.

172. — Une autre imperfection du texte pourrait donner à penser que l'article 155 s'applique seulement au cas du décès et non à celui de l'absence. « Si les ascendants *sont décédés*, y est-il dit, il sera procédé à la célébration du mariage des majeurs sur leur déclaration à serment *que le lieu du décès* et *celui du dernier domicile* de leurs ascendants leur sont inconnus. » Cette rédaction empruntée à l'avis du Conseil d'Etat, est évidemment défectueuse, puisque le premier membre de phrase ne parle que des ascendants décédés, tandis que le second vise également ceux qui sont absents. Il n'y a pas corrélation entre les deux termes de la proposition. Mais on ne saurait voir là qu'une ambiguïté de texte, attendu qu'il a toujours été reconnu que l'arrêté du 4 thermidor an XIII était applicable aux ascendants décédés ou absents. Cela résulte d'ailleurs de l'exposé des motifs où nous lisons : « que, si comme cela arrive souvent dans les classes pauvres, par l'ignorance du der-dernier domicile, on ne peut recourir à l'acte de notoriété prescrit par l'article 155 et destiné à constater *l'absence* d'un domicile connu, dans ce cas, la raison suggère de se contenter de la déclaration des témoins. »

§ 4. — Application de l'article 155 aux majeurs et aux mineurs.

173. — L'article 155, paragraphe 1er, ne dispose que pour le cas où il doit être fait un acte respectueux ; il semble donc que les majeurs pour le mariage peuvent seuls l'invoquer. Mais nous avons admis avec la plupart des auteurs, que les mineurs, comme les majeurs, sont autorisés à prouver l'absence de l'ascendant dont le consentement est nécessaire, soit par un jugement déclaratif d'absence ou ordonnant l'enquête, soit par un acte de notoriété. (*Suprà*, n. 14). Il n'y a aucune distinction à faire entre eux parce que les modes de preuve de l'absence exigés par l'article 155 ne laissent guère de place à la fraude. D'ailleurs, les mineurs qui justifient de l'absence d'un ascendant par l'un de ces moyens, ont encore à produire le consentement de l'autre ascendant, et si celui-ci est décédé ou hors d'état de manifester sa volonté, ils doivent obtenir le consentement du conseil de famille tout au moins jusqu'à la vingt et unième année. Il n'y a donc aucun danger à faire bénéficier les mineurs des dispositions de l'article 155, paragraphe 1er.

174. — La même solution s'impose lorsqu'il s'agit de suppléer à l'acte de décès des père et mère par l'attestation des aïeuls et aïeules. Dans le cas où il est impossible de produire ces actes de décès, le mariage des mineurs, comme celui des majeurs, peut être célébré sur la déclaration du décès des père et mère faite à l'acte de mariage par les aïeuls et aïeules.

175. — Il en sera de même lorsque les bisaïeuls et bisaïeules seront appelés à consentir au mariage. Si les actes de décès des ascendants plus rapprochés ne peuvent être retrouvés, ils pourront être remplacés par l'attestation du décès faite à l'acte de mariage par les bisaïeuls et bisaïeules tant pour le mariage des mineurs que pour celui des majeurs.

176. — Enfin, il ne saurait en être autrement lorsque l'un des deux ascendants, père ou mère, aïeul ou aïeule, bisaïeul ou bisaïeule ont décédé. A défaut de l'acte de l'état civil, le survivant peut attester le décès de son conjoint pour le mariage d'un enfant ayant ou n'ayant pas atteint la majorité matrimoniale.

177. — *Quid* dans le cas où les ascendants étant décédés ou absents, il est impossible de produire les actes de décès ou la preuve de l'absence, parce qu'on ignore le lieu du décès ou du dernier domicile ? Dans cette hypothèse, le mariage des mineurs pourra-t-il être célébré sur la déclaration assermentée des futurs et des témoins que le lieu du décès et celui du dernier domicile sont inconnus ? Le paragraphe 3 de l'article 155 ne parle que du mariage des majeurs. Mais, ici non plus, les termes de la première partie de la proposition ne correspondent pas à ceux de la seconde. « Si les ascendants dont *le consentement* ou *conseil* est requis..., dit l'article 155, il sera procédé à la célébration du mariage *des majeurs...* » Or, le consentement n'est requis que pour le mariage des mineurs. On en conclut que c'est par suite d'un vice de rédaction de l'avis du Conseil d'Etat, qui s'est également glissé dans l'article 155, que le mariage des majeurs est seul visé par le texte, tandis qu'il s'applique aussi au mariage des mineurs. Cette opinion s'appuie sur les motifs même de l'avis du Conseil d'Etat où nous lisons : « Rien n'est à craindre relativement au mariage des mineurs puisqu'en face de l'article 160 C. civ., toutes les fois qu'il n'y a ni père ni mère, ni aïeuls ni aïeules, ou qu'ils se trouvent dans l'impossibilité de manifester leur volonté, les fils ou filles mineures de vingt et un ans ne peuvent contracter mariage sans le consentement du conseil de famille. » C'est ainsi que la plupart des auteurs le décidaient avant la loi du 20 juin 1896 (1), et c'est aussi dans ce sens que s'est formellement prononcé M. le procureur de la République de la Seine dans sa circulaire :

(1) Conf. Laurent, t. II, n. 318 ; Aubry et Rau, t. V, § 462, p. 72, n. 29. *Contrà*, F. Chesnay, Pandectes françaises, *Recueil mensuel*, 1896, 3. 119.

« Les articles 149, 150 et 160, relatifs au mariage des mineurs, dit-il, autorisent l'officier de l'état civil à passer outre lorsque l'ascendant est dans l'impossibilité de manifester sa volonté ; or, l'absence de l'ascendant est certainement l'une des causes qui justifient le plus l'application de cette disposition, et on ne peut mieux faire pour établir la disparition de l'ascendant, que d'user par analogie des moyens énoncés dans l'article 155. »

CHAPITRE VI

Du mariage des indigents.

ARTICLE 6

L'article 4 de la loi du 10 décembre 1850 est ainsi modifié :

« Art. 4. — *Les extraits des registres de l'état civil, les actes de notoriété, respectueux, de consentement, de publications, de délibérations du conseil de famille, les certificats de libération du service militaire, les dispenses pour cause de parenté, d'alliance ou d'âge, les actes de reconnaissance des enfants naturels, les actes de procédure, les jugements et arrêts dont la production sera nécessaire dans les cas prévus par l'article 1er, seront visés pour timbre et enregistrés gratis, lorsqu'il y aura lieu à enregistrement.*

« *Il ne sera perçu aucun droit de greffe ni aucun droit de sceau au profit du Trésor sur les minutes et originaux, ainsi que sur les copies ou expéditions qui en seraient passibles.*

« *L'obligation du visa pour timbre n'est pas applicable*

aux publications civiles ni aux certificats constatant la célébration civile du mariage.

« Les actes respectueux comme les actes de consentement seront exempts de tous droits, frais et honoraires, à l'égard des officiers ministériels qui les recevront ; il en sera de même pour les actes de consentement reçus, à l'étranger, par les agents diplomatiques ou consulaires français. »

Historique.

178. — L'article 4 de la loi du 10 décembre 1850 ayant pour objet de faciliter le mariage des indigents était ainsi conçu : « Les extraits des registres de l'état civil, les actes de notoriété, de consentement, de publications, les délibérations du conseil de famille, les certificats de libération du service militaire, les dispenses pour cause de parenté, d'alliance ou d'âge, les actes de reconnaissance des enfants naturels, les actes de procédure, les jugements et arrêts dont la production sera nécessaire dans les cas prévus par l'article 1er, seront visés pour timbre et enregistrés gratis lorsqu'il y aura lieu à enregistrement. Il ne sera perçu aucun droit de greffe ni aucun droit de sceau au profit du Trésor sur les minutes et originaux, ainsi que sur les copies ou expéditions qui en seraient passibles. L'obligation du visa pour timbre n'est pas applicable aux publications civiles ni aux certificats constatant la célébration civile du mariage. »

179. — M. Félix Le Roy proposa par son projet de loi, d'ajouter les actes respectueux à l'énumération de l'article 4 de la loi de 1850 ; sa proposition fut reprise plus tard par M. Thellier de Poncheville qui la compléta par la suppression du paragraphe 2 de l'article 6 aux termes duquel le certificat d'indigence doit être visé et approuvé par le juge de paix du canton (1). La commission adopta cette double modification et la maintint malgré la demande du ministre des finances de conserver le visa du juge de paix (2). La Chambre se prononça pour le projet de la

(1) *Journ. off.* mars 1890, Chambre des députés, doc. parl., annexe n. 204, p. 375, 376 et 377.

« La loi du 10 décembre 1850 dispose, dans son art. 4, que tous les actes dont la production est nécessaire, soit pour le mariage des indigents, soit pour la légitimation de leurs enfants, seront visés pour timbre et enregistrés gratis. L'énumération qu'elle en donne ne comprend pas les actes respectueux. Nous avons pensé qu'il convenait de combler cette lacune. Si l'on maintient la nécessité de l'acte respectueux, c'est par respect pour le principe de l'autorité paternelle, ce n'est pas pour créer à l'indigent qui veut contracter mariage une difficulté de plus.

« Enfin l'art. 6 de la loi de 1850 détermine les formes du certificat d'indigence que devront produire ceux qui voudront bénéficier de ses dispositions. Ce certificat est délivré par le commissaire de police ou par le maire dans les communes où il n'existe pas de commissaire de police, sur le vu d'un extrait du rôle des contributions constatant que les parties intéressées payent moins de 10 francs, ou d'un certificat du percepteur de leur commune, constatant qu'ils ne sont pas imposés. L'article ajoute : « Le certificat d'indigence sera visé et approuvé par le juge de paix du canton. Il sera fait mention dans le visa de l'extrait des rôles ou du certificat négatif du percepteur. La majorité de la commission vous propose la suppression de ce paragraphe. Contrairement à l'opinion de deux de ses membres, elle a pensé que c'était là une exigence inutile et souvent onéreuse. Il est rare que le juge de paix connaisse personnellement la situation de l'indigent, et son appréciation n'ajoute rien à celle qui est donnée d'abord par le maire ou le commissaire de police. Et pour remplir cette formalité, les parties sont soumises à une perte de temps et parfois à un déplacement considérable, avec la privation de salaire et les dépenses que ce déplacement entraîne. » (Rapport de M. Thellier de Poncheville, *Journ. off.* mai 1890, Chambre des députés, doc. parl., annexe n. 481, p. 519.)

(2) « La majorité de votre commission n'a pas cru devoir revenir sur la décision qu'elle avait prise de supprimer le visa du juge de paix exigé jusqu'ici sur le certificat d'indigence. Si l'inconvénient et

commission, le 19 juin 1890. Dans le cours de la discussion, deux anciens notaires, MM. Boucher et Pasquier (1) ainsi

la perte de temps qu'entraîne pour les parties la nécessité de recueillir cette troisième signature à la suite de celles du percepteur et du maire apparaissent bien clairement, il n'en est pas de même de l'utilité qu'elle présente. Ici encore, l'administration de l'enregistrement paraît craindre une complaisance excessive de la part des maires. Mais l'abus, — à supposer que nos officiers de l'état civil y soient enclins, ce que nous ne pouvons supposer; — l'abus paraît impossible. Aux termes formels de la loi de 1850, le maire (le commissaire de police dans les communes où il en existe) ne peut délivrer le certificat d'indigence que sur le vu de l'extrait du rôle des contributions constatant que les intéressés payent moins de 10 francs, ou d'un certificat du percepteur de leur commune portant qu'elles ne sont pas imposées. Suppose-t-on que certains maires contrevenant formellement aux instructions qui ne manqueront pas de leur être adressées, délivreront le certificat d'indigence sans exiger l'attestation ou l'extrait du rôle signés par le percepteur ? Leur erreur sera bien vite signalée et, dans tous les cas, elle sera sans conséquence, car le certificat sera sans effet. A quoi sert, en effet, ce certificat ? Principalement à obtenir le visa pour timbre gratuit, et, lorsqu'il y a lieu, l'enregistrement également gratuit des diverses pièces nécessaires pour la célébration du mariage : extraits des registres de l'état civil, actes de notoriété, de consentement, de publications, de délibérations du conseil de famille, certificats relatifs au service militaire, dispenses, etc... Il devra être joint à ces pièces lorsqu'elles seront présentées au receveur de l'enregistrement et du timbre, et mentionné par lui dans le visa pour timbre et dans la relation de l'enregistrement. C'est la prescription formelle de la loi de 1850, dans son article 8. Il est bien clair que si ce certificat n'est pas régulier, le receveur refusera d'y avoir égard et le retournera à l'officier de l'état civil. Celui-ci, dûment averti, réparera son erreur et évitera d'y retomber. C'est donc à bon droit, semble-t-il, et sans aucun danger pour le Trésor, que nous vous avons proposé la suppression d'une formalité onéreuse et gênante pour les parties. » (Rapport supplémentaire du 10 juin 1890. *Journ. off., loc. cit.*)

(1) « C'est également ce que demande un amendement qui émane de MM. Boucher et Pasquier, et devant lequel je crois que nous devons nous incliner tous avec respect : ce sont les notaires eux-mêmes qui viennent vous apporter sur l'autel de la patrie le sacrifice de leurs honoraires. Votre commission est toute disposée non seulement à étudier cet amendement, mais à y faire droit. Nous n'aurions pas osé aller jusque-là, d'imposer la gratuité obligatoire de l'acte du consentement au mariage. » (Discours de M. Thellier de Poncheville, *Journ. off.*, Chambre des députés, séance du 19 juin 1890.)

que M. Bertrand, proposèrent à la Chambre qui la vota, la gratuité absolue de tous frais et honoraires des notaires pour les actes respectueux et de consentement.

180. — M. Lemire reprit ces dispositions dans son projet et les compléta, plus tard, par un amendement qui abolissait le visa du juge de paix. La commission repoussa cet amendement (1), et, à la suite du discours du rapporteur devant la Chambre (2), son auteur le retira sur la promesse de M. le garde des sceaux qu'une circulaire inviterait les maires et les commissaires de police à transmettre d'office

(1 et 2) « Votre commission actuelle est d'un avis tout différent. A ses yeux les formalités relatives à l'obtention du visa du juge de paix ne sont ni difficiles ni onéreuses : pour le requérir, en effet, il peut suffire d'envoyer à ce magistrat le certificat du percepteur et celui du maire par la poste et en franchise. Quant à l'utilité du visa, elle existe : le contrôle du juge de paix défend les maires contre les sollicitations abusives auxquelles ils peuvent être exposés, et l'Etat contre l'application exagérée que pourraient faire certains maires de la loi de 1850. A nos yeux, en effet, le maire n'est pas privé du droit d'appréciation : il n'est pas tenu de délivrer toujours et dans tous les cas le certificat d'indigence sur le vu du certificat du percepteur. Il a le droit de prendre des renseignements et d'apprécier ensuite suivant sa conscience. C'est, à notre avis, dans cet ordre d'idées que s'exprimait M. de Limayrac dans son rapport à l'Assemblée nationale législative, publié au *Moniteur* du 8 février 1850 : « Nous insistons, a dit M. de Limayrac, pour la substitution du juge de paix aux préfet et sous-préfet pour l'approuvé du certificat d'indigence. Ce magistrat est plus rapproché de l'indigent, il le connaît mieux... Toute personne qui ne paye que 10 francs de contribution n'est pas indigente pour cela seul. Il y a une autre appréciation à faire de ses ressources. Le maire en est le juge au premier degré, le juge de paix au second. Aujourd'hui l'approuvé du préfet est une simple formalité, un visa. Il n'est pas donné à ce magistrat de connaître, sans instruction préalable, l'état de ceux qui réclament. Le juge de paix, au contraire, sera presque toujours en mesure de savoir si le maire a sagement agi. Ce contrôle sera vrai, utile pour tous, même pour les indigents qui n'auraient qu'à souffrir des abus qui dériveraient de la faiblesse excessive des maires. » Votre commission ne vous propose pas l'abrogation du § 2 de l'art. 6 de la loi du 10 décembre 1850. » (Rapport de M. Bertrand, *Journ. off.* septembre 1894, Chambre des députés, doc. parl., annexe n. 841, p. 1161.)

les certificats d'indigence au juge de paix du canton, pour y apposer son visa (1).

§ 1. — Indigence des futurs. — Certificat. — Visa du juge de paix.

181. — La loi du 10 décembre 1850, article 1er, prescrit au maire de la commune dans laquelle un indigent veut se marier, de réclamer et réunir les pièces nécessaires au mariage, et l'autorise même à les demander par l'intermédiaire du procureur de la République. En vertu de ce texte, l'officier de l'état civil doit se procurer soit en France, soit à l'étranger, toutes les pièces relatives à la célébration du mariage des indigents, de même qu'il doit poursuivre tous

(1) M. Lemire appuya son amendement devant la Chambre dans les termes suivants : « De deux choses l'une, ou le juge de paix veut contrôler le papier officiel ou il ne le contrôle pas. S'il veut le contrôler, les indigents sont obligés de faire quelquefois deux ou trois voyages au chef-lieu de canton, ce qui exige de leur part des déplacements. Or, les déplacements pour les pauvres gens sont toujours onéreux, puisque quand bien même ils ne leur coûteraient ni chemin de fer ni voiture, il les empêchent au moins de gagner leur journée... S'ils ne doivent pas se déplacer et s'ils habitent une grande ville, il y a un autre inconvénient : généralement les bureaux sont encombrés et l'ouvrier ou la pauvre femme sont obligés de revenir à plusieurs reprises... Le maire peut, jusqu'à un certain point, connaître ses administrés. Le commissaire de police peut également connaître les gens de son quartier. Mais dans des cantons qui ont 60.000 ou 80.000 habitants, que peut vérifier le juge de paix et que peut-il ajouter à la valeur du certificat qui lui est soumis ? Absolument rien... Je suppose qu'il plaise au juge de paix de prendre à la lettre cette fonction, d'exercer ce contrôle sur la pauvreté. Que fait-il ? Il fait venir ces malheureux chez lui ; il les questionne ; il leur fait rendre compte d'une façon détaillée, je dirai plus, d'une façon toujours humiliante et blessante, de leur situation intime.... Les trois quarts du temps, le juge de paix, craignant de se tromper en jugeant ainsi sur la mine, et ne voulant point procéder à une enquête, ne contrôlera rien du tout... Dans la pratique, donc, le

les actes indispensables pour lever les obstacles pouvant s'opposer au mariage, tels que les dispenses d'âge, de parenté ou d'alliance. C'est à lui aussi qu'incombe le soin de saisir le ministère public des rectifications ou inscriptions des actes de l'état civil, des homologations d'actes de notoriété et généralement de toutes les procédures nécessaires au mariage des indigents, qui sont poursuivies d'office par le procureur de la République.

182. — L'article 6 de la loi de 1850 désigne ceux qui ont droit à ce privilège. Ce sont exclusivement ceux qui justifient d'un certificat d'indigence délivré par le commissaire de police, ou par le maire dans les communes où il n'existe pas de commissaire de police, sur le vu d'un extrait du rôle des contributions constatant qu'ils payent

juge de paix suppose que les maires et commissaires de police ont raison ; il met sa signature sur la feuille de papier qu'on lui présente et c'est tout. C'est du reste ce qui se passe dans beaucoup de nos administrations. Le contrôle, c'est une signature de plus. »

Le rapporteur répondit en invoquant l'intérêt des maires eux-mêmes et du Trésor : « Ne croyez-vous pas, dit-il, qu'un maire se trouvera en butte à de nombreuses sollicitations, qu'on viendra lui demander plus aisément ce certificat d'indigence, et qu'alors le maire hésitera dans sa conscience? Quand il considérera qu'il ne peut pas délivrer ce certificat, on lui dira : « Cela dépend de vous ; mettez votre signature au bas du papier que je vous présente, et tout est fini! » Et vous mettrez le maire entre sa conscience, l'accomplissement de son devoir et peut-être la vengeance de celui qui sera venu le solliciter en vain. Donc le visa du juge de paix sert à garantir le maire contre toutes les tentatives qui pourraient être faites vis-à-vis de lui... S'il y a certains inconvénients, certaines difficultés dans la pratique, si, comme vous le dites, les juges de paix font attendre deux ou trois jours leur visa, ces fonctionnaires manquent à leur devoir, et nous n'avons pas à modifier une loi parce que quelques fonctionnaires ne la respectent pas. Il appartient à M. le garde des sceaux de rappeler ces fonctionnaires à l'observation de la loi et aux sentiments de bienveillance et d'humanité s'ils s'en écartent. » (*Journ. off*. Chambre des députés, séance du 4 avril 1895, p. 1192 et 1193.)

moins de 10 francs, ou d'un certificat du percepteur de leur commune portant qu'ils ne sont pas imposés. Le certificat d'indigence doit être visé et approuvé par le juge de paix du canton qui mentionne, dans son visa, l'extrait des rôles ou le certificat négatif du percepteur.

183. — Les maires ou les commissaires de police, ne sont pas obligés de délivrer le certificat d'indigence par cela seul que ceux qui le demandent payent moins de 10 francs de contributions. Ils ont un pouvoir d'appréciation incontestable et ne doivent attester l'indigence qu'après s'être assurés qu'elle est réelle. Il n'est pas impossible, en effet, qu'une personne soit imposée de moins de 10 francs et se trouve néanmoins dans une situation qui n'est pas du tout l'indigence. Les maires et les commissaires de police ne doivent donc délivrer le certificat qu'à bon escient pour ne pas exposer l'Etat aux pertes que lui feraient subir de coupables complaisances.

184. — Celui qui paie une contribution supérieure à 10 francs ne peut pas obtenir de certificat d'indigence. L'article 6 est formel sur ce point, et c'est en vain qu'on prétendrait qu'une personne payant une contribution plus forte, peut se trouver soumise à des charges la rendant plus malheureuse que bien d'autres qui payent un impôt moindre. La loi a dû fixer un maximum et elle a admis que les cotes à partir de 10 francs supposent des ressources suffisantes pour faire face aux frais minimes, en somme, des pièces nécessaires au mariage.

185. — Le certificat délivré par le maire ou le commissaire de police, est toujours soumis au visa et à l'approbation du juge de paix. Ainsi que nous l'avons dit, cette formalité a été maintenue à la suite de la déclaration faite par le ministre de la justice qu'il prescrirait des mesures pour qu'elle ne fût pas une cause de retards et de dépenses. Conformément à cette promesse, la circulaire ministérielle du 23 juillet 1896 invite les maires et les commissaires de police à envoyer directement au juge de paix, et par la poste, les certificats d'indigence qu'ils ont dressés, en y joignant le certificat négatif ou l'extrait du rôle délivrés par le percepteur. A son tour, le juge de paix, après avoir apposé son visa, s'il y a lieu, doit renvoyer, par la même voie, les pièces à la mairie ou au commissariat de police, où elles sont tenues à la disposition des intéressés. Cette double transmission a lieu sans frais, les maires et les commissaires de police, d'une part, et le juge de paix de leur canton, d'autre part, jouissant entre eux de la franchise postale.

186. — Nous aurions préféré que le visa fût supprimé comme il l'avait été par la Chambre en 1890 ; mais, du moment qu'il a été conservé, il doit être donné sérieusement ; le contrôle du juge de paix doit être réel et non fictif ou une simple signature de plus, suivant le mot de M. Lemire. Si le juge de paix ne connaît pas l'intéressé, il sera de son devoir de se renseigner en provoquant des explications détaillées du maire, ou par tout autre moyen. Il pourra également convoquer le titulaire du certificat d'indigence pour se rendre auprès de lui ; mais il ne devra user de ce mode d'information que dans les cas exceptionnels et, par exemple, lorsqu'il aura des motifs de soupçonner la fraude. Enfin, il procédera avec célérité, délivrera le visa dès que sa religion sera éclairée, et renverra

les pièces au maire ou au commissaire de police sans aucun
retard. « Les juges de paix, dit la circulaire de M. le garde
des sceaux, doivent remplir avec le plus grand soin le
contrôle que la loi leur confie, et ne donner leur visa qu'en
complète connaissance de cause ; il importe d'empêcher
les fraudes ou les complaisances qui seraient préjudiciables
pour le Trésor. Il peut être indispensable, pour leur permettre de se renseigner, qu'ils fassent venir auprès d'eux
la partie intéressée. Nous ne saurions en ce cas les détourner de ce mode d'investigation, mais ils ne devront y avoir
recours qu'à titre exceptionnel ; ils ne perdront jamais de
vue qu'il convient d'éviter, autant que possible, des déplacements à des personnes pour lesquelles une perte de
temps entraîne une perte de salaire. »

187. — Le certificat d'indigence doit être délivré en
plusieurs originaux lorsqu'il doit être produit à divers
bureaux d'enregistrement. Il est remis au receveur qui le
mentionne dans le visa et dans la relation d'enregistrement. Toutefois les réquisitions du procureur de la République tiennent lieu de l'original, pourvu qu'elles mention-
nent le dépôt du certificat d'indigence au parquet.

Les certificats d'indigence ou les réquisitions du procureur de la République restent entre les mains du receveur
de l'enregistrement qui les dépose dans ses archives, tandis
que les extraits des rôles ou les certificats négatifs des
percepteurs sont annexés à l'acte de mariage.

188. — Les certificats d'indigence délivrés en pays
étranger par les autorités remplissant des fonctions analogues à celles des autorités françaises énoncées à l'article 6
de la loi de 1850 (maires, commissaires de police, juges de

paix, percepteurs), peuvent être admis pour la constatation de l'indigence, à la condition qu'ils soient visés par les consuls de France. (Décis. chan., 9 août 1878 ; *Bull. off.* n. 11, p. 83.)

189. — La loi de 1850 est applicable aux mariages contractés en France, entre Français et étrangers. (Art. 9. — Circulaire du garde des sceaux du 29 mars 1851.)

§ 2. — **Gratuité des pièces nécessaires au mariage des indigents.**

190. — La loi du 20 juin 1896 a ajouté les actes respectueux aux pièces qui doivent être visées et enregistrées gratis en vertu de l'article 4 de la loi du 10 décembre 1850. Les actes et pièces qui jouissent de cette exemption sont donc les suivants : 1º les extraits des registres de l'état civil ; 2º les actes de notoriété ; 3º les actes respectueux ; 4º les actes de consentement dressés par les notaires ou les officiers de l'état civil ; 5º les publications ; 6º les délibérations du conseil de famille ; 7º les certificats de libération du service militaire ; 8º les dispenses pour cause de parenté, d'alliance ou d'âge ; 9º les actes de reconnaissance des enfants naturels ; 10º les actes de procédure, les jugements et arrêts dont la production est nécessaire pour la célébration du mariage. (Art. 4). On peut y ajouter la première expédition de la transcription d'un jugement de divorce.

191. — Toutes ces pièces établies sur papier libre, doivent mentionner qu'elles sont délivrées pour servir à la célébration d'un mariage entre indigents ; elles ne pourraient être employées à d'autres fins, sous peine de 25 francs d'amende, outre le paiement des droits, contre ceux qui en auraient fait usage, ou qui les auraient indûment délivrées ou reçues. (Art. 7). Enfin, il est nécessaire de les faire viser pour timbre, formalité gratuite mais indispensable.

192. — Par exception, l'obligation du visa pour timbre n'est pas applicable aux publications civiles ni au certificat constatant la célébration civile du mariage.

193. — Les minutes, originaux, copies ou expéditions des actes produits pour le mariage des indigents sont dispensés du timbre, des droits d'enregistrement, de greffe ou de sceau perçus au profit du Trésor. Mais les droits d'expédition restent dus. En effet, l'article 5 de la loi du 10 décembre 1850 subsiste toujours ; or, il fixe la taxe des expéditions des actes de l'état civil requises pour le mariage des indigents, quels que soient les détenteurs de ces actes, à 30 centimes, lorsqu'il n'y a pas lieu à légalisation, et à 50 centimes dans le cas contraire. Les expéditions des actes de l'état civil nécessaires à la célébration du mariage doivent toujours être légalisées soit par le président du tribunal, soit par le juge de paix du canton. (Art. 45 C. civ. et art. 1er de la loi du 2 mai 1861.) Ces droits d'expédition auraient pu être supprimés sans difficulté. Ils sont minimes sans doute, mais il n'est pas d'économie à négliger pour les pauvres, et si les communes en exigent rarement le paiement, il n'en est pas de même des greffiers. La loi de 1896 maintient donc leur droit, mais ils entreront dans l'esprit du législateur en en faisant l'abandon au profit des malheureux qui veulent contracter mariage.

194. — La loi nouvelle a imposé un sacrifice analogue aux notaires en affranchissant de tous droits, frais et honoraires, les actes respectueux et les actes de consentement. Le mot « droit » fut ajouté par la commission à ceux de « frais et honoraires » de la proposition de loi originaire, pour accentuer et préciser davantage l'exemption complète. En conséquence, les notaires ne peuvent, sous aucun prétexte, rien réclamer aux indigents soit pour les actes de consentement, soit pour les actes respectueux.

195. — En ce qui concerne les actes de consentement reçus par les officiers de l'état civil, nous avons déjà dit qu'ils sont gratuits pour tous, indigents ou non. Ils ne peuvent pas même donner lieu à la perception d'un droit d'expédition, attendu qu'ils sont toujours délivrés en brevet.

196. — Il en est de même pour les actes de consentement reçus à l'étranger par les agents diplomatiques ou consulaires.

197. — En résumé, les indigents ont la faculté de se procurer gratuitement tous les actes et toutes les pièces qui leur sont nécessaires pour contracter mariage. Ils ne doivent ni frais ni honoraires d'aucune sorte aux notaires, aux avoués ou aux maires. On ne peut légitimement leur réclamer que les frais d'expédition auxquels les communes et les greffiers renonceront la plupart du temps par esprit de charité.

198. — Les droits d'expédition dus aux greffiers ont donné quelquefois lieu à des difficultés au sujet des rectifications ou des inscriptions d'actes de l'état civil poursuivies d'office par les parquets. Il est d'usage de fournir au

tribunal, à l'appui de la requête, les expéditions de tous
les actes justificatifs. Le greffe délivre ces expéditions sur
la réquisition du parquet et en demande plus tard le
paiement au Trésor, en les comprenant sur ses mémoires de
frais de justice. Mais la Chancellerie a rejeté souvent la
dépense, et avec raison, car aucun texte ne met ces frais
à la charge de l'Etat. Le droit du greffier, basé sur l'article 5
de la loi de 1850 est incontestable, et d'autre part on ne
saurait raisonnablement demander aux parties intéressées
le paiement de ces expéditions parfois assez nombreuses.
Nous avons tourné la difficulté en produisant au tribunal
de simples extraits des actes justificatifs, qui sont délivrés
au parquet sans frais par les greffiers, et, une fois le premier moment d'étonnement passé, les juges ont reconnu
que ces extraits signés du greffier, revêtus de son sceau,
offraient les mêmes garanties que les expéditions. Ce procédé qui n'engage aucune dépense inutile et nous paraît
aussi sûr que tout autre, pourrait, peut-être, se généraliser.

CHAPITRE VII

Des oppositions au mariage.

ARTICLE 7

L'article 179 C. civ. est ainsi complété :

« Les jugements et arrêts par défaut rejetant les oppositions au mariage ne sont pas susceptibles d'opposition. »

Origine de l'article 7.

199. — L'origine de l'article 7 est dans un amendement de M. Marcel-Habert ainsi conçu : « Il sera passé outre à toute opposition au mariage, s'il n'a pas été statué au fond par le tribunal sur la validité de cette opposition dans le délai d'un mois. Dans le cas où cette opposition sera accompagnée d'une demande en interdiction, ce délai sera prolongé de six mois. Dans le cas où l'appel sera fait d'un jugement prononçant la mainlevée de l'opposition, il pourra être passé outre à la célébration du mariage, si, dans le mois qui suivra l'acte d'appel, la cour n'a pas statué au fond sur la validité de l'opposition. » (1). Cet amendement avait pour objet : 1° d'obliger les auteurs de l'opposition à en poursuivre eux-mêmes la validité ; 2° d'exiger des cours et tribunaux qu'ils statuent sur le fond de l'opposition dans le délai d'un mois, sur la demande d'interdiction jointe à l'opposition, dans celui de six mois, et sur l'appel, dans le mois à dater de l'acte d'appel (2).

Il fut combattu par le rapporteur, M. Bertrand (3), ainsi

(1) *Journ. off.* Chambre des députés, séance du 4 avril 1895.

(2) « L'article additionnel que je propose ne supprime pas l'opposition qui est utile, seulement, il aboutit à un résultat pratique. Il oblige les parents qui font opposition à entamer eux-mêmes la procédure ; il les oblige à faire valider, dans un délai rapproché, par le tribunal, l'opposition qu'ils ont faite, et si cette opposition n'a pas été validée dans ce court délai, il permet au maire de procéder à la célébration du mariage et de ne pas tenir compte de l'opposition. Je crois que vous en avez compris l'esprit et je n'ajouterais pas un mot si actuellement, tout au moins devant la cour et les tribunaux de Paris, il n'était pas d'usage constant d'employer un certain moyen dilatoire pour empêcher les mariages. Ce moyen consiste à motiver toujours l'opposition sur la folie de celui qui veut se marier ; une demande d'interdiction est constamment jointe à l'opposition faite par la famille. Dans ces conditions, les tribunaux et la cour s'appuyant sur l'article du Code qui prévoit cette hypothèse, renvoient l'affaire sans fixer la date à laquelle elle sera plaidée. Et alors il dépend de la bonne volonté du médecin, il dépend de l'enquête qui va être faite sur la soi-disant folie de la personne qui veut se marier, il dépend de la tenue des audiences solennelles de prolonger le délai pendant un an et plus. Je vous demande de dire dans la loi que c'est dans un délai de six mois que la procédure en interdiction devra être faite, et d'abroger ainsi les dispositions actuelles de la procédure. » (Discours de M. Marcel-Habert, *Journ. off.* Chambre des députés, séance du 4 avril 1895, p. 1194.)

(3) « Il faut considérer que si parfois les oppositions peuvent être fondées sur des motifs peu sérieux, si elles peuvent être inspirées par l'idée de reculer le plus possible un mariage que l'on considère comme mauvais pour les futurs conjoints, il peut se rencontrer parfois et peut-être même souvent que l'opposition est fondée sur des motifs de défense absolue, sur des empêchements dirimants. Et alors je dirai à M. Marcel-Habert : vous aurez beau demander à

que par M. le garde des sceaux (1), et, en présence des objections formulées contre lui, son auteur le modifia de la manière suivante : « Il sera passé outre à toute opposition au mariage si l'opposant n'a pas, dans la quinzaine de son opposition, formé la demande en validité de son opposition et n'en a pas demandé la mise au rôle du tribunal. » Mais cette rédaction ne fut pas plus acceptée que la précédente par M. Trarieux, garde des sceaux, qui lui reprocha de rendre un procès nécessaire entre le futur

la Chambre de voter toutes les sanctions que vous voudrez, vous ne pourrez pas faire qu'un empêchement absolu au mariage, qu'un empêchement dirimant signalé par une opposition, bien que l'opposition n'ait pas été validée dans un délai de dix jours ou d'un mois, n'existe pas. » (Discours de M. Bertrand, *Journ. off.*, *loc cit.*)

(1) « Comment pourrions-nous édicter que, un mois après l'opposition non suivie de décision judiciaire, il pourra être procédé au mariage ? Mais voudriez-vous donc qu'il suffit au futur époux de rester inactif, de ne pas demander de mainlevée pour que, au bout d'un mois, il se trouvât dégagé et dispensé de plaider ? Non, ce n'est évidemment pas là ce que veut l'honorable M. Marcel-Habert lui-même. Mais alors qu'il intervertisse franchement les rôles et qu'il nous propose de dire, après abrogation expresse de l'art. 177, qu'à l'avenir la justice sera saisie non plus par la demande en mainlevée de l'opposition formée par le futur époux, mais par la demande en validité de l'opposition formée par le père ou la mère de famille opposants. Je reconnais que ce système serait possible ; mais alors nous aurions à nous préoccuper des graves inconvénients qui pourraient en résulter, et je me permets de vous les signaler. Le système de M. Marcel-Habert offrirait ce premier danger d'obliger à une procédure qui peut être évitée avec l'art. 177. Quand l'opposition parait fondée, il appartient à l'enfant auquel elle s'adresse de s'incliner ; et s'il reste silencieux, on suppose qu'il accepte de se soumettre ; si, au contraire, avant qu'il se soit prononcé, on oblige le père de famille auteur de l'opposition à créer une instance qui pourrait être évitée, afin d'obtenir d'une manière formelle la validité de son acte, ce système va à l'encontre même du but qu'il poursuit..

« Tracer à la justice des délais pour remplir son office n'est pas sans précédent. Ce ne serait pas le seul cas…, mais je n'en connais aucun qui soit accompagné de la sanction imaginée par M. Marcel-Habert… Ces sortes de délais ne peuvent jamais avoir qu'un caractère indicatif et comminatoire, et ne sauraient avoir l'effet de et l'opposant, tandis que, dans le système du Code civil, l'action judiciaire n'a lieu que dans le cas où l'enfant prétend passer outre et ne pas se soumettre. Dans ces conditions, M. Marcel-Habert maintint la première rédaction de son amendement qui fut repoussé par la Chambre.

200. — M. Lefoullon déposa alors l'amendement suivant : « Dans les cas prévus par la présente loi, les oppositions à jugement et arrêt par défaut sont irrecevables. » M. le garde des sceaux ayant précédemment donné son adhésion à cette proposition qui lui paraissait une simplification légitime de la procédure des oppositions (1), la Chambre l'adopta sans discussion.

déchéance que vous prétendez y attacher. Que faut-il avant tout ? Avant tout il faut, lorsque la justice est saisie, qu'elle statue, en connaissance de cause, au résultat d'informations et d'instructions complètes qui l'éclairent. Or, vous est-il possible de savoir d'avance quelles seront les difficultés soulevées au cours du procès dont le juge sera saisi ? Dans le cas qui nous occupe, quelqu'un dans cette assemblée pourrait-il affirmer que, dans le délai d'un mois, sur toute opposition qui pourra se produire, le juge sera en état de statuer ? Si vous l'enfermez dans ce délai, la necessité de statuer à l'aveugle, sans être suffisamment édifié, sera peut-être contraire à l'intérêt même qui vous sollicite et que vous croyez garantir. Ne pensez-vous pas que vous pouvez enlever à l'enfant les moyens de se défendre contre une opposition qui aurait pu le surprendre ! S'il lui faut chercher à l'étranger les éléments de sa défense, êtes-vous certains que dans ce mois il aura reçu les renseignements qu'il pourrait avoir à fournir ? Je dis qu'il est absolument impossible d'affirmer, d'une manière empirique, qu'un mois suffira à la solution de tous les procès. Il est dit au Code que ces sortes de procès doivent être jugés dans le délai de dix jours, je ne dis pas que jamais cette indication ne risquera d'être oubliée ; il peut se produire des négligences, mais ces négligences n'ont qu'à nous être signalées et nous sommes armés de tous les pouvoirs nécessaires pour les réprimer. » (Discours de M. Trarieux, garde des sceaux, *loc. cit.*)

(1) « Là je comprendrais très bien l'intérêt qui peut s'attacher à une pareille mesure. L'enfant demande la mainlevée ; nous pouvons craindre que, si l'opposition n'est pas légitime et fondée, il ne puisse y avoir un calcul de la part de l'opposant, qu'il n'use de délais dila-

Au Sénat, M. Demôle critiqua la rédaction de l'article 7 au double point de vue de la forme et du fond. Il lui reprocha notamment de rendre toutes les oppositions irrecevables, même celle du futur condamné par défaut sur l'opposition à son mariage formée par un tiers, et présenta un amendement tendant à permettre l'opposition au jugement ou à l'arrêt par défaut, dans deux cas. En premier lieu, lorsqu'un époux formerait opposition au mariage de son conjoint avec une autre personne, et, en second lieu, lorsque l'opposition serait basée sur la démence du futur.

201. — A la suite des observations de M. Demôle, la commission arrêta une nouvelle rédaction qui devint le texte définitif de l'article 7. Ce texte donnait satisfaction à l'honorable sénateur, en ce sens qu'il permettait aux futurs époux de former eux-mêmes opposition dans le cas improbable où un jugement ou un arrêt par défaut repoussant la demande en mainlevée aurait été surpris contre eux. Mais la commission refusa d'admettre les deux exceptions proposées par M. Demôle. La première était inutile, parce qu'un individu sur le point de commettre le crime de bigamie s'arrêtera toujours devant une opposition qui sera aussi une menace de poursuites, et que le maire, informé de la situation, refusera de passer outre au mariage avant de s'être renseigné. Enfin la seconde ne

toires, qu'il fasse une opposition pour la forme sans intention d'y donner suite. Je m'associerai volontiers à cette simplification parce qu'elle est vraiment empreinte d'un caractère pratique et d'une utilité réelle. » (Discours de M. Trarieux, garde des sceaux, *loc. cit.*)

se justifiait pas davantage, attendu que celui qui base son opposition sur la démence, est dans l'obligation de former immédiatement une demande en interdiction (1).

§ 1. — Des personnes qui ont qualité pour former opposition au mariage.

202. — L'officier de l'état civil ne peut procéder à la célébration du mariage que si les parties remplissent toutes les conditions prescrites par la loi. Il s'en assure au moyen des pièces qui lui sont remises ; mais il peut arriver que les futurs ignorent un empêchement où veuillent le cacher. L'opposition a justement pour objet de signaler cet empêchement à l'officier de l'état civil et de lui faire défense de célébrer le mariage jusqu'à ce qu'il ait été statué par les tribunaux. Toutefois les ascendants ont le droit de s'opposer au mariage, même lorsqu'il n'existe aucun empêchement légal : dans ce cas, l'unique but de l'opposition est de gagner du temps. C'est la ressource suprême que la loi donne aux ascendants, d'arrêter un mariage qu'ils considèrent comme désastreux pour l'enfant et pour la famille. Institution sage et nécessaire, puisqu'elle est presque la seule sanction des empêchements prohibitifs, et qu'en ce qui concerne les empêchements dirimants, elle peut arrêter un mariage dont la nullité jetterait, plus tard, le désordre et la désolation dans les familles. Institution dangereuse aussi, dit M. Demolombe (2), « et qui pouvait devenir, si on n'y avait pris

(1) Discours de M. Ratier, rapporteur, *Journ. off*. Sénat, séances des 30 et 31 mars 1896.

(2) Demolombe, t. III, n. 136.

garde, un moyen de méchanceté et de vexation au service des intérêts blessés, des espérances déçues, de la vanité humiliée, des mécontentements enfin, de toutes sortes, fondés ou non fondés, que suscitent très souvent les projets de mariage. » On ne saurait assurément contester son utilité, ne serait-ce que pour empêcher des mariages honteux ou insensés ; mais il arrive assez souvent que les ascendants abusent du droit d'opposition et trouvent dans les subtilités de la procédure le moyen de retarder indéfiniment non une alliance déshonorante, mais un mariage qui ne répond ni à leur orgueil ni à leurs calculs. Aussi les auteurs de la loi du 20 juin 1896 se sont-ils préoccupés d'abréger la durée de l'instance en supprimant le droit d'opposition aux jugements et arrêts par défaut qui rejettent les oppositions au mariage. C'est un acte de moins dans le triste spectacle, deux en cas d'appel, et par suite plusieurs mois de gagnés sur les lenteurs du procès.

203. — La loi nouvelle n'a rien changé aux dispositions du Code civil, soit sur les personnes qu'il a investies du droit de former opposition, soit sur les motifs qu'il a admis. Le droit de s'opposer au mariage appartient : 1º au conjoint, 2º aux ascendants, 3º à certains collatéraux, 4º au tuteur et au curateur. (Art. 172, 173, 174, 175 C. civ.)

204. — *Conjoint.* — Le conjoint est au premier rang de ceux qui peuvent faire opposition parce qu'un précédent mariage est une des causes d'empêchement les plus graves et les plus légitimes. L'époux défend son titre et prévient, par son intervention, le crime de bigamie.

Il est nécessaire que le précédent mariage ait été contracté civilement. S'il l'avait été seulement devant un prêtre, il ne donnerait pas le droit d'opposition, car l'union dépourvue de la sanction de l'officier de l'état civil, n'est qu'un concubinage.

L'époux divorcé ne peut pas former opposition au mariage de son ancien conjoint, même dans le cas où le mariage devrait avoir lieu, contrairement à la prohibition de l'article 298 C. civ., avec le complice de l'adultère (1).

205. — *Ascendants.* — « Le père, dit l'article 173, et à défaut du père, la mère, et à défaut des père et mère, les aïeuls et aïeules, peuvent former opposition au mariage de leurs enfants et descendants, encore que ceux-ci aient vingt-cinq ans accomplis. » Les ascendants n'exercent pas concurremment le droit d'opposition, mais successivement. Ce n'est qu'à défaut du père, c'est-à dire s'il est décédé ou dans l'impossibilité de manifester sa volonté, que le droit d'opposition passe à la mère. A défaut de la mère, il est transmis aux aïeuls et aïeules des deux lignes, mais avec cette restriction que, dans la même ligne, l'aïeule n'est admise à l'exercer qu'à défaut d'aïeul (2). Enfin, si tous les aïeuls et aïeules sont décédés ou hors d'état de manifester leur volonté, le droit d'opposition appartient aux bisaïeuls et bisaïeules qui seraient appelés à donner leur consentement au mariage.

Le droit d'opposition des ascendants est absolu. Ainsi, ils peuvent l'exercer quelque soit l'âge de l'enfant et pour toute espèce de cause, sans être tenus de l'indiquer. Tou-

---

(1) Baudry-Lacantinerie, t. I. n. 480 ; Huc, t. II. n. 139. Trib. Foix, 16 avril 1886, *Gaz. Pal.*, 86. 2. 487. — *Contrà*, Dieppe, 16 juin 1890, S. 90. 2. 200.

(2) Aubry et Rau, t. V, § 454, texte et note 6 ; Demolombe, t. III, n. 140.

tefois les tribunaux ne peuvent maintenir cette opposition qu'autant qu'elle est basée sur un empêchement légal. S'il en était autrement, le droit que le Code civil donne aux enfants de se marier après leur majorité matrimoniale, sans le consentement des ascendants et à la charge seulement d'un acte respectueux, deviendrait complètement illusoire puisque, pour le paralyser, il suffirait aux ascendants de former opposition au mariage (1).

206. — *Collatéraux.* — A défaut de tout ascendant, le frère ou la sœur, l'oncle ou la tante, le cousin ou la cousine germains, majeurs, peuvent s'opposer au mariage dans les deux cas suivants : 1° lorsque le futur n'a pas obtenu le consentement de la famille requis par l'article 160 ; 2° lorsque l'opposition est fondée sur l'état de démence du futur. Dans cette dernière hypothèse, l'opposition ne peut être maintenue par les tribunaux qu'à la charge par l'opposant de provoquer l'interdiction, (art. 174), et d'y faire statuer dans le délai fixé par le jugement. Il n'est pas nécessaire que l'opposant forme sa demande en interdiction en même temps que l'opposition ; il suffit qu'il le fasse lorsque le futur époux demande la mainlevée.

Le droit d'opposition n'appartient pas aux collatéraux graduellement comme pour les ascendants, mais concurremment. La loi les admet tous au même titre, de manière que le cousin germain peut former opposition alors que le frère et l'oncle gardent le silence. On a pensé qu'il n'y avait aucun danger à leur donner cette faculté lorsqu'il n'existe aucun ascendant, puisque leur opposition ne peut

____

(1) Aubry et Rau, t. V, § 454, p. 30, texte et note 8 ; Pand. franç. périod., v° *mariage*, n. 717.

être basée que sur deux causes déterminées qui sont un empêchement légal au mariage.

207. — *Tuteur ou curateur.* — Le droit d'opposition appartient au tuteur ou au curateur, pendant la durée de la tutelle ou de la curatelle, dans les deux cas ci-dessus et avec l'autorisation du conseil de famille.

208. — Les enfants et descendants sont sans qualité pour former opposition au mariage de leurs ascendants quand bien même ils demanderaient l'interdiction. Mais, dans ce cas, il leur suffirait de dénoncer l'instance à l'officier de l'état civil qui aurait le devoir de refuser son concours au mariage d'un individu incapable de consentir. Il en est de même des neveux et des nièces.

209. — Les parents ou alliés auxquels la loi refuse le droit d'opposition, ont cependant la faculté de signaler à l'officier de l'état civil les empêchements au mariage dont ils ont connaissance. Le maire n'est pas obligé de s'y arrêter ; mais le plus souvent il refusera de procéder au mariage, si l'empêchement lui paraît sérieux, car il pourrait, s'il passait outre, s'exposer à des dommages-intérêts.

210. — Le procureur de la République a le droit de former opposition, dans tous les cas où il aurait le droit de poursuivre la nullité du mariage. Il serait inadmissible, en effet, que le ministère public qui surveille l'exécution des lois d'ordre public, dût tolérer la célébration d'un mariage qu'il aurait le devoir de faire immédiatement annuler. La raison, la morale et l'intérêt social ne s'accordent-ils pas pour repousser un tel résultat ? Dans tous les cas, les officiers de l'état civil étant placés sous la surveillance du ministère public, celui-ci peut toujours leur faire défense de célébrer un mariage contraire à la loi, et ceux qui refuseraient de s'y conformer engageraient gravement leur responsabilité. (Art. 156, 192, C. civ., 193 et 340 C. pén.)

§ 2. — De la forme de l'opposition.

211. — Tout acte d'opposition doit énoncer la qualité qui donne à l'opposant le droit d'agir, et contenir élection de domicile dans le lieu où le mariage doit être célébré ; il doit mentionner aussi, à moins qu'il ne soit fait à la requête d'un ascendant, les motifs de l'opposition : le tout à peine de nullité et de l'interdiction de l'officier ministériel qui aurait signé l'acte. (Art. 176.)

212. — L'acte d'opposition ne peut être signifié que par un huissier. Il doit être signé sur l'original et sur la copie, par les opposants ou par leurs fondés de procuration spéciale et authentique. Enfin, il doit être signifié, avec la copie de la procuration, à la personne ou au domicile des parties, ainsi qu'à l'officier de l'état civil. (Art. 66.)

213. — L'officier de l'état civil vise l'original et fait une mention sommaire de l'opposition sur le registre des publications.

§ 3. — De l'effet de l'opposition.

214. — « En cas d'opposition, dit l'article 68, l'officier de l'état civil ne pourra célébrer le mariage avant qu'on lui en ait remis la mainlevée, sous peine de trois cents francs d'amende et de tous dommages-intérêts. » Mais l'officier de l'état civil doit-il s'arrêter et surseoir au mariage devant toute opposition, régulière ou non, émanant de personnes ayant ou n'ayant pas qualité? La question est controversée. En ce qui nous concerne, fidèle à ce principe que le mariage doit être favorisé, et qu'il est inadmissible qu'il puisse être arrêté par de pures tracasseries, nous sommes d'avis que l'officier de l'état civil doit passer outre : 1º lorsque l'opposant est sans qualité ; 2º lorsque l'opposition faite par toute autre personne qu'un ascendant n'est pas basée sur l'un des motifs de l'article 174 ; 3º enfin, lorsque l'opposition n'a pas été signifiée par un huissier.

215. — Il en était autrement dans l'ancien droit où l'opposition pouvait être formée par toute personne et sans causes déterminées. L'opposition était une action *populaire*, et le curé ne pouvait passer outre jusqu'à ce qu'il en eût été donné mainlevée par l'opposant ou par le juge (1).

216. — La Révolution prit exactement le contre pied de cette doctrine. Elle fixa limitativement les personnes ayant qualité pour former opposition ainsi que les causes qui pouvaient la motiver, et décida par la loi du 20 septembre 1792, que toutes oppositions faites hors les cas, les formes et par toutes personnes autres que celles qui y étaient désignées, seraient regardées comme non avenues.

217. — Le Code civil ne se prononça pas aussi catégoriquement et se borna à dire dans l'article 68 : « En cas d'opposition... » Est-ce en cas d'opposition régulière ou de toute opposition? Nous croyons que les auteurs du Code ont adopté le système de la loi de 1792 et ont voulu que l'opposition régulière pût seule arrêter le mariage. A cet

____

(1) Pothier, *Traité du contrat de mariage*, n. 82.

effet, ils ont édicté non seulement la nullité de tout acte s'écartant des prescriptions légales, mais encore l'interdiction de l'officier ministériel qui l'a signé. Ils ont ainsi voulu prévenir les abus auxquels l'ancienne opposition populaire avait donné lieu. Or, ces mêmes abus se reproduiraient, et les oppositions les plus téméraires se donneraient libre cours si elles devaient avoir toujours pour effet d'obliger l'officier public à surseoir au mariage. C'est justement ce que le Code civil n'a pas voulu, et il n'y avait qu'un moyen de l'empêcher, c'était de donner à l'officier de l'état civil le droit de passer outre lorsque l'opposant est sans qualité. Ainsi il s'arrêtera seulement devant une opposition faite par le conjoint, par un ascendant, par le frère ou la sœur, l'oncle ou la tante, le cousin ou la cousine germains et ayant atteint leur majorité, par le tuteur ou le curateur ou par le ministère public. L'opposition émanant de toute autre personne sera réputée inexistante, et le maire ne devra en tenir aucun compte.

Il en sera de même lorsque les formes prescrites par le Code à peine de nullité, n'auront pas été observées, c'est-à-dire lorsque l'acte d'opposition n'aura pas été signifié par un huissier, lorsqu'il ne contiendra pas la qualité de l'opposant ou l'élection de domicile dans le lieu où le mariage doit être célébré, enfin et surtout lorsqu'il n'énoncera pas les motifs de l'opposition faite par tout autre qu'un ascendant (1).

---

(1) Merlin, *Rép.*, v° *opposition à mariage ;* Mourlon, t. 1, n. 640 ; Laurent, t. II, n. 396 ; Baudry-Lacantinerie, t. I, n. 491 ; Huc, t. II, n. 121. — *Contrà* : Aubry et Rau, t. V, § 456, p. 37, texte et note 1 ; Demolombe, t. I, n. 163.

§ 4. — De la mainlevée de l'opposition.

218. — La mainlevée peut être volontaire si l'opposant s'en désiste, ou judiciaire si elle est prononcée par les tribunaux. La mainlevée volontaire doit être donnée dans la forme authentique afin que l'officier de l'état civil ne soit pas exposé à célébrer un mariage sur une mainlevée dont la validité pourrait être contestée. Toutefois, la loi n'exigeant pas que la mainlevée soit faite par acte notarié, sous peine de nullité, un acte équipollent, tel qu'un exploit d'huissier, est suffisant. La déclaration verbale faite par l'opposant au moment de la célébration du mariage est également valable.

219. — Si l'opposant refuse de se désister, il appartient au futur époux contre lequel l'opposition est dirigée, et à lui seul, de demander la mainlevée au tribunal. Alors commence une lutte judiciaire navrante dont les échos vont se répercuter au loin, et que les artifices de la procédure pourront prolonger pendant plusieurs mois, peut-être pendant des années. Le législateur a pris des précautions pour que l'instance ne puisse pas se perpétuer ; ainsi, il l'a dispensée du préliminaire de conciliation, a enjoint au tribunal de statuer dans les dix jours de la demande en mainlevée, et à la cour, dans le même délai après l'acte d'appel. (Art. 49 C. proc. civ., 177 et 178 C. civ.). Mais le Code ne prescrit pas de trancher le fond de l'opposition dans ces délais, et il suffit aux tribunaux de statuer préparatoirement. Ils peuvent donc procéder à des enquêtes, ordonner un examen médical, etc., etc., et recourir à toutes mesures propres à les éclairer. Dans ces conditions, il ne faut pas que les futurs soient pressés. Ils peuvent attendre. Ainsi que le dit Gillet, la sage lenteur des tribunaux ménagera entre l'impétuosité des passions et la célébration du mariage, au profit de la réflexion, d'utiles intervalles.

Le moyen classique de traîner la procédure en longueur était de faire défaut sur la citation. Le futur devait lever le jugement, le faire signifier et revenir ensuite devant le tribunal ou devant la cour pour obtenir un jugement ou un arrêt définitif. C'étaient toujours quelques mois de plus de retard et de réflexion obligatoire. Enfin, lorsqu'après toutes les péripéties de la procédure, en première instance et en appel, la mainlevée était ordonnée, l'opposant pouvait encore la renouveler et obliger le futur à remonter le calvaire des deux degrés de juridiction, hérissé des mêmes incidents, jugements de défaut, jugements préparatoires et autres. On voit pendant combien de temps pouvait durer un procès de ce genre, entre les mains d'un homme rompu aux ruses du métier.

220. — La loi du 20 juin 1896 a porté le fer dans ce fatras de procédure en enlevant aux opposants leur expédient favori ; désormais, les jugements et arrêts rendus par défaut ne seront plus susceptibles d'opposition et auront la même portée que s'ils étaient contradictoires. L'abus qu'on avait fait du jugement de défaut comme moyen purement dilatoire, justifie amplement cette modification apportée au droit commun.

221. — Les jugements de mainlevée, contradictoires ou par défaut, sont toujours susceptibles d'appel.

222. — Le délai d'appel, qui est de deux mois, n'est pas suspensif, c'est-à-dire que l'officier de l'état civil n'est pas tenu d'attendre que les deux mois soient expirés, pour procéder à la célébration du mariage. L'appel interjeté est seul suspensif, et a pour effet d'arrêter l'exécution du jugement.

223. — Mais conformément à l'article 449 C. de proc. civ., l'appel des jugements non exécutoires par provision ne peut pas être interjeté dans la huitaine à partir du jour du jugement. Ces jugements ne peuvent pas être non plus exécutés pendant cette huitaine, (art. 450 C. de proc. civ.), ni sans avoir été préalablement signifiés à avoué, s'il y en a un dans la cause, et, dans tous les cas, à la personne ou au domicile de la partie. (Art. 147 C. de proc. civ.)

En conséquence, lorsque le futur produit un jugement de mainlevée, qu'il soit contradictoire ou par défaut, le maire doit procéder au mariage sous la double condition que le jugement ait été signifié à l'avoué et à l'opposant, et qu'un délai de huit jours se soit écoulé depuis la date du jugement. L'officier de l'état civil ne devra surseoir au mariage qu'autant que l'opposant aura relevé appel et lui en aura donné notification.

Par suite, l'appel d'un jugement qui a prononcé mainlevée d'une opposition, n'est pas recevable pour défaut d'objet, bien que signifié dans le délai de deux mois, si, avant cette signification, le mariage a été célébré dans les formes voulues par la loi.

224. — Les tribunaux ne peuvent pas ordonner l'exécution provisoire des jugements portant mainlevée d'opposition au mariage, sauf dans le cas où une première opposition a été rejetée comme mal fondée ou comme émanant d'une personne sans qualité pour la faire (1). (Art. 135 C. de proc. civ.). Toutefois il a été jugé que les dispositions impératives de l'article 135 ne sont pas applicables, et que l'exécution provisoire n'est que facultative pour les juges (2).

225. — La voie du recours en cassation est ouverte en matière d'opposition au mariage comme en toute autre. Mais le pourvoi n'est pas suspensif. L'article 16 de la loi du 27 novembre 1790 est formel, et l'on ne saurait y déroger en l'absence de toute prescription légale.

L'officier public doit donc procéder au mariage malgré le pourvoi en cassation et les défenses qui lui seraient faites en se fondant sur ce pourvoi. En cas de refus du maire, le futur citera l'opposant en référé devant le président du tribunal qui ordonnera de passer outre (3).

226. — L'opposition rejetée comme nulle en la forme peut être renouvelée. C'est le droit commun, et il faudrait un texte positif pour défendre toute opposition nouvelle. Il doit en être de même d'une opposition rejetée au fond. Vainement on objecterait l'abus qui pourrait être fait du droit d'opposition afin de retarder indéfiniment un mariage. L'officier de l'état civil devra surseoir devant la seconde opposition comme devant la première; mais les juges pourront ordonner l'exécution provisoire de leur décision. Nous regrettons que l'attention des rédacteurs de la loi du

(1) Lyon, 13 février 1828, D. P. 28. 2. 234.
(2) Caen, 10 mai 1843, *Rec. arr. Caen*, 1843, p. 275.
(3) Rouen, 7 décembre 1859, D. P. 61. 5. 308.

20 juin 1896 n'ait pas été appelée sur cette question. Ils auraient pensé sans doute qu'il n'y avait aucun danger à prohiber le renouvellement de l'opposition au mariage qui ne peut être, la plupart du temps, qu'un nouveau moyen dilatoire.

227. — Les opposants autres que les ascendants, peuvent, en cas de rejet de l'opposition, être condamnés à des dommages-intérêts. (Art. 179 C. civ.) Les tribunaux ont un pouvoir discrétionnaire à cet égard. Toutefois il n'est pas indispensable que l'opposant ait été de mauvaise foi ; il suffit qu'il ait été téméraire. « N'importe, dit Portalis, qu'il n'y ait eu qu'imprudence ou erreur dans la personne qui a cru devoir se rendre opposante : Il n'y a point à balancer entre celui qui se trompe et celui qui souffre. »

228. — Enfin, si l'opposition est rejetée, l'opposant supporte les dépens de l'instance. Cependant les frais peuvent être compensés, conformément à l'article 131 du Code de procédure civile, si le procès était engagé entre conjoints, ascendants ou descendants. Il appartient au tribunal de décider s'il y a lieu d'user de cette faculté.

CHAPITRE VIII

Application de la loi à l'Algérie et à certaines colonies.

ARTICLE 8

Les dispositions de la précédente loi sont applicables à l'Algérie, ainsi qu'aux colonies de la Guadeloupe, de la Martinique et de la Réunion.

229. — Le projet de loi de M. l'abbé Lemire portait que la loi serait applicable à l'Algérie et aux colonies. Mais la commission n'admit que l'application à l'Algérie. « Quant aux colonies, disait M. Bertrand dans son rapport, un ou plusieurs décrets auraient, paraît-il, établi des règles insuffisamment connues de la commission qui n'a pas entendu les modifier, et laisse aux membres du Parlement, députés ou sénateurs des colonies, le soin d'apprécier s'il convient de demander pour la colonie qu'ils ont l'honneur de représenter, l'application de la loi proposée. »

Sur la demande de M. le Ministre des colonies l'application de la loi fut étendue aux colonies de la Guadeloupe, de la Martinique et de la Réunion.

CHAPITRE IX

Conclusion.

La loi du 20 juin 1896 donnera-t-elle les résultats que
ses auteurs ont eus en vue ? Mettra-t-elle un terme à la crise
que nous traversons ? Ralliera-t-elle à l'union légitime les
réfractaires et les indifférents ? Nous ne saurions dissimuler
nos inquiétudes. Vraisemblablement, les masses ne trouve-
ront pas plus d'attraits au mariage qu'auparavant, et,
comme un fleuve qui se dessèche, la population conti-
nuera à s'épuiser, si on n'y porte promptement un plus
énergique remède.

L'instinct conservateur est si vif en France, notre respect
du Code civil est si grand, ses principes se sont gravés si
profondément dans nos mœurs, qu'on n'ose y porter la
main que timidement, presque à regret, et toute tentative
un peu hardie risque de passer pour révolutionnaire. Cette
modération est bonne pour un peuple. Elle le sauvegarde
contre les conceptions téméraires des novateurs de profession, l'empêche de se jeter dans les solutions extrêmes, et
lui ménage graduellement les progrès que les mœurs et

l'opinion réclament. Cette fois, il faut bien le dire, les résultats de la réforme furent par trop insuffisants.

Puisqu'il s'agissait de rendre au mariage sa popularité et d'y ramener ceux qui semblent n'avoir plus beaucoup de goût pour lui, (ainsi que le prouvent le nombre des concubinages et celui des divorces dans les populations ouvrières), nous aurions voulu qu'au lieu de s'attacher à modifier seulement quelques formalités, le législateur se livrât à une révision complète des conditions qui régissent l'acte du mariage, non pour bouleverser l'œuvre des rédacteurs du Code civil, mais, au contraire, en vue de concilier ses principes avec les exigences d'une société qui a avancé d'un siècle.

Nous ne proposerons pas pour modèle la législation américaine, qui pourrait justement étonner ; mais d'autres nations ont apporté dans leurs lois d'heureuses modifications que nous pourrions utilement introduire en France. Si l'on veut sérieusement donner un nouvel et nécessaire essor à l'institution conjugale, il faut la rendre facile et accessible à tous, non seulement en simplifiant le plus possible les formalités et en accordant aux enfants d'un âge déterminé la pleine liberté de leurs actes, mais encore en obligeant les parents à leur assurer les moyens de constituer une famille et d'entretenir un ménage. Qu'importe qu'un fils ou une fille soient maîtres de se marier, si le père peut leur refuser la dot et rendre ainsi indéfiniment impossible une union ardemment désirée ?

En attendant que cette entreprise tente le législateur, nous essaierons de tracer une esquisse des réformes qu'il nous paraît permis de souhaiter.

I. — Le Code civil fixe la majorité matrimoniale à vingt-cinq ans pour les fils et à vingt et un ans pour les filles. On explique cette différence en disant que les filles deviennent plus tôt nubiles que les garçons et que l'âge propice au mariage passe plus vite pour elles ; que le mariage des fils intéresse plus les parents que celui des filles, puisqu'il a pour effet de transmettre le nom de la famille ; enfin, qu'on a voulu favoriser davantage le mariage des filles dont l'avenir, dans le célibat, est souvent fort triste. Aucune de ces raisons ne nous a convaincu. Le mariage des fils mérite d'être favorisé aussi bien que celui des filles, l'un et l'autre ayant le même intérêt pour la société et pour la propagation de l'espèce. D'autre part, si, à partir de vingt et un ans, le mariage des filles sans le consentement des parents, ne paraît offrir aucun danger, nous ne voyons pas les motifs de refuser aux fils la même faculté. Seraient-ils, d'aventure, plus exposés aux faiblesses des sens, ou bien auraient-ils moins de raison et de sagesse que leurs sœurs ?

La distinction faite par le Code civil se justifie moins que jamais aujourd'hui que la famille a perdu la forme sédentaire qu'elle avait autrefois, pour se disperser suivant les conditions du travail. De bonne heure, l'enfant quitte le foyer paternel pour gagner sa vie ; dès sa majorité, il a la libre disposition de sa personne et de ses biens ; il peut acquérir, aliéner, emprunter, hypothéquer ; il a été appelé à servir la patrie sous les drapeaux, il est électeur.

Certes, le mariage est autrement important que tous ces actes ; mais, du moment que l'enfant a le droit d'aller où il lui plaît et de faire de ses biens l'usage qui lui convient, il est inadmissible qu'il ne puisse pas aussi disposer de ses destinées par le mariage.

Que pourrait-on craindre? L'entraînement de la jeunesse, l'égarement des passions? Ah! Les belles et nobles passions qui conduisent au mariage! Les élans du cœur, l'amour virginal, la pure union de deux êtres enflammés de tendresse, sont-ils si dangereux pour la société qu'on veuille les étouffer? Il faudrait plutôt les susciter, les encourager, et l'institution conjugale ne s'en trouverait pas plus mal, sans doute, que des misérables calculs qui trop souvent l'accompagnent et la déshonorent.

La Révolution avait proclamé que la majorité civile ne comporte aucune exception même pour le mariage, soit pour l'homme, soit pour la femme. Mais les rédacteurs du Code civil furent effrayés de cette liberté, et, par un fâcheux retour en arrière, ils adoptèrent le système de l'ancien droit. Il est temps aujourd'hui de revenir aux principes de la loi de 1792, et de faire tomber les barrières qu'un législateur trop prévoyant ou trop timide avait élevées devant le mariage.

L'Angleterre, l'Autriche, les Etats-Unis, le Portugal, autorisent les enfants de vingt et un ans, sans distinction de sexe, à se marier librement. En Suisse même, ils sont dispensés du consentement à partir de vingt ans. La loi italienne et la loi allemande fixent la majorité matrimoniale à un âge plus avancé et distinct pour les fils et les filles, mais elles permettent aux enfants d'en appeler aux tribunaux du refus de consentement de leurs parents (1).

---

(1) La majorité matrimoniale est de 25 ans pour les fils et de 24 ans pour les filles, en Allemagne; mais, à partir de 21 ans, les enfants

II. — La liberté de contracter mariage à partir de vingt et un ans entraînerait nécessairement la suppression de l'acte respectueux. La sommation respectueuse se justifiait dans l'ancien droit où elle pouvait être suivie de l'exhérédation. Aujourd'hui, au contraire, l'acte respectueux est dépourvu de toute sanction et n'est plus qu'une vaine formalité indigne de figurer dans le Code civil. Les enfants ont l'obligation de demander le conseil de leurs ascendants par un acte respectueux, mais ce conseil ne leur est pas nécessaire pour contracter mariage, et qu'il leur soit donné ou refusé, qu'il soit affirmatif ou négatif, ils peuvent également se marier. Dès lors, à quoi sert cette demande ? Est-elle une marque de respect envers les parents ? Comment l'interpréter ainsi lorsqu'elle consiste à faire dire par officier public à ses ascendants : « Je requiers votre consentement parce que la loi m'y oblige, mais quelle que soit votre réponse, je suis résolu à passer outre. » N'est-ce pas plutôt un acte outrageant et dérisoire que de demander un avis sûrement destiné à être violé ? C'est bien ainsi, du reste, que les parents le comprennent, en refusant, le plus souvent, de recevoir le notaire chargé de la notification.

L'acte respectueux est utile aux enfants, disait Bigot de Préameneu, car « c'est surtout à l'époque où, par leur mariage, les enfants vont former une nouvelle famille et fixer ainsi leur destinée, qu'ils ont besoin du secours de leurs père et mère pour ne pas être égarés par leurs pas-

peuvent se pourvoir devant les tribunaux contre le refus de consentement. En Italie, la majorité pour le mariage est la même qu'en France. A partir de 21 ans, le fils peut se pourvoir devant la cour d'appel contre le refus de consentement.

sions. » Ce raisonnement serait vrai si le futur était tenu de suivre le conseil qui lui est donné par les ascendants ; mais il peut n'en tenir aucun compte, et même lorsqu'il le demande, il est bien décidé à le fouler aux pieds.

Ainsi donc, loin d'être utile, l'acte respectueux est plutôt nuisible : au lieu de faire l'union, il sème la haine et consomme la discorde. L'enfant qui y recourt, brise, de ses propres mains, les liens qui le retenaient à ses ascendants et s'exile lui-même de sa famille.

Mais il arrive un âge où l'homme, mûri par l'expérience, peut avoir la légitime prétention de se gouverner seul, et d'être affranchi de toute tutelle. Et cependant l'acte respectueux est exigé quelque soit l'âge du futur ! A trente, quarante, cinquante ans, si les ascendants refusent leur consentement à son mariage, il doit requérir leur conseil alors même qu'il aurait été précédemment marié. L'abus n'est-il pas évident, et comment expliquer que l'homme et la femme soient, pendant toute leur vie, tenus en lisière et privés de leur liberté pour l'acte le plus important, c'est vrai, mais aussi le plus désirable pour leur bonheur, et le plus utile à la société ?

La Chambre avait supprimé la demande du conseil des aïeuls et aïeules, et l'avait maintenue pour les père et mère ; mais le Sénat repoussa cette distinction. Nous avons dit, dans le cours de cette étude, que nous ne regrettions pas la décision de la haute Assemblée. Le conseil des aïeuls ou aïeules ne se justifie ni plus ni moins que le conseil des père et mère, et tant que ceux-ci seront appelés à le donner, il n'est aucune raison d'en exclure ceux-là. Puisque le législateur maintient l'acte respectueux, c'est qu'il le croit utile. Celui des aïeuls ou aïeules doit donc l'être tout autant, à ses yeux, que celui des père et mère.

Il est vrai que la consultation des premiers offre des difficultés que ne présente pas celle des seconds. Les aïeuls résident au loin, souvent leur domicile est inconnu, et peut-être même l'enfant ignore-t-il s'ils sont encore vivants. De l'excès du mal naîtra le bien, et, grâce à ses inconvénients, l'acte respectueux disparaîtra de nos lois dans un avenir prochain.

Il est rejeté par Laurent dans son *Projet de révision du Code civil* (1). A la tribune de la Chambre, M. Charles Ferry a lancé contre lui un éloquent réquisitoire, et, le même jour, M. Trarieux, garde des sceaux, prédisant sa suppression, n'a pas caché ses sympathies pour cette réforme, qu'il a appelée la législation de l'avenir (2).

---

(1) « On ne peut alléguer qu'une raison en faveur des actes respectueux. C'est qu'en arrêtant le mariage, ils donnent à l'enfant le temps de réfléchir et de revenir sur une solution qui parfois est imposée par une passion aveugle. Telle est la théorie. L'expérience la confirme-t-elle ? La résistance des ascendants et les lenteurs qu'elle entraîne ne calment pas les passions ; elles les irritent. L'enfant s'obstine et l'ascendant, voyant son autorité méprisée, s'obstine aussi : le respect filial et l'amour paternel font place à la division et à la haine. Ces motifs ont engagé le législateur italien à supprimer les actes respectueux. Les faits prouvent, a-t-on dit, que les actes respectueux aigrissent les esprits. Et cela est inévitable. Quand l'enfant a recours aux actes respectueux, la désunion existe ; le père refuse de consentir au mariage, l'enfant persiste. Est-ce que la réconciliation va se faire à la voix du notaire qui, le plus souvent, n'est pas même reçu ? Ce n'est pas par des actes officiels que l'on apaise les passions, c'est par l'influence que donne l'amitié ; l'action doit être morale et non judiciaire. » (Laurent, *Avant-projet de révision du Code civil.*)

(2) *Journ. off.* Chambre des députés, séance du 2 avril 1895. (*Suprà*, n. 80.)

En Italie, les actes respectueux ont été supprimés. En Belgique, la loi du 16 août 1887 n'en exige plus qu'un seul et ne le rend obligatoire que vis-à-vis des père et mère, à l'exclusion des autres ascendants. Les futurs indigents en sont même dispensés envers les parents qui n'ont pas de domicile connu dans le royaume. Les Pays-Bas, où le Code civil français fut si longtemps en vigueur, n'ont pas maintenu les actes respectueux. De vingt-cinq à trente ans, les enfants qui n'ont pas obtenu le consentement de leurs père et mère, peuvent invoquer la médiation du juge du canton dans le ressort duquel le père ou la mère sont domiciliés. Si l'intervention du magistrat n'aboutit pas, l'enfant peut se marier trois mois après la comparution. Ce n'est pas la liberté complète du mariage après la majorité ; du moins a-t-on reconnu l'inutilité de la demande du conseil. En Suisse, les actes respectueux n'existent pas, et il est presque superflu de dire qu'ils sont inconnus en Angleterre, où le mariage jouit de la liberté la plus large sans que les institutions sociales de ce pays paraissent en souffrir (1).

III. — Il serait insuffisant que les enfants eussent la faculté de contracter mariage après leur majorité, si les ascendants pouvaient les priver des ressources qui leur sont nécessaires pour entretenir un ménage et élever une

---

(1) Le consentement du père, ou, à son défaut, celui de la mère ou du tuteur, est requis jusqu'à l'âge de 21 ans, sans distinction de sexe, sauf dans le cas d'un second mariage, le premier emportant émancipation. Les futurs ne sont pas tenus de justifier du consentement ; ils doivent seulement jurer, au moment de la publication des bans, qu'ils l'ont obtenu. Après l'âge de 21 ans, les enfants sont complètement libres.

famille. Le refus de constituer une dot équivaut souvent à un obstacle insurmontable au mariage, et il n'est ni équitable ni humain qu'il n'existe aucun recours contre un tel refus qui peut être purement arbitraire. Combien d'enfants aspirent à une union chère à leur cœur, et gémissent contre une résistance que rien ne peut vaincre ! S'ils ont passé la vingt-cinquième ou la vingt et unième année, ils sont libres de se marier en faisant un acte respectueux ; mais une question essentielle, vitale, les arrête : c'est la dot. Le père qui refuse son consentement tient rigoureusement fermés les cordons de la bourse, et comme aucune force humaine ne saurait l'obliger à les délier, il peut indéfiniment tenir en échec le droit de l'enfant. Il sait que son consentement est devenu inutile, mais il n'ignore pas non plus qu'il dispose d'une chose sans laquelle tout établissement est impossible. Le fils, capable de gagner sa vie, préfère de passer outre, plutôt que de renoncer à son rêve ; mais la jeune fille est forcée de se résigner jusqu'à ce que, vaincue, lassée, son père la jette, toute frémissante d'amour pour l'élu de son cœur, dans les bras d'un autre qu'elle n'aime pas, à moins qu'elle ne s'ensevelisse vivante dans un couvent.

Lorsque, décimée par les guerres, Rome fut aux prises avec une crise analogue à celle que nous traversons et se vit réduite à ranimer la natalité languissante en excitant le peuple au mariage, les empereurs n'hésitèrent pas à accorder aux enfants le droit de réclamer une dot devant les tribunaux. Cependant, la *patria potestas* était autrement dure que la puissance paternelle moderne. Le père était maître absolu de la personne et des biens de ses enfants ; jusqu'à sa mort, son consentement était nécessaire au mariage, et aucune loi ne permettait, avant le règne d'Auguste, de réprimer son refus arbitraire ou injuste. Mais la loi Julia autorisa l'intervention du magistrat pour forcer le père à donner son consentement et à constituer une dot lorsqu'il les refusait sans motifs sérieux (1).

Au moment de la rédaction du Code civil, l'action en constitution de dot existait, en France, dans les pays de droit écrit. Dans les pays de droit coutumier, au contraire, on avait pour maxime que *ne dote qui ne veut.* Il fallut choisir, et ce ne fut qu'après une longue discussion que les auteurs du Code se décidèrent pour la coutume dont ils insérèrent le principe dans l'article 204 : « L'enfant n'a pas d'action contre ses père et mère pour un établissement par mariage ou autrement. » Les raisons qui les déterminèrent ne sont peut-être pas bien fortes. « On fit valoir, dit Locré, le besoin de se conformer aux habitudes de la majorité des Français, et surtout l'intérêt des mœurs qui réclame le maintien de la puissance paternelle. » (2). Nous ne nous arrêterons pas au premier motif qui etait également invoqué, d'ailleurs, par les partisans du droit écrit. Sans doute les lois ne doivent pas violenter les coutumes d'une nation, sous peine de s'ériger en servitude. Mais on conviendra que l'action en constitution de dot n'apporterait pas un trouble sérieux dans nos mœurs. Elle serait exercée très rarement, dans des cas exceptionnels, et son existence suffirait pour décider les parents par la seule crainte d'un procès.

---

(1) Marcien, L. 19, *de ritu nuptiarum.*
(2) Locré, *Esprit du Code Napoléon,* t. III, p. 447.

Le motif tiré du respect de la puissance paternelle était
plus sérieux. Il faut se garder, disait-on, d'armer les enfants
contre leurs parents; or, l'action en constitution de dot
enlèverait au père l'autorité salutaire que la loi entend lui
assurer sur le mariage de ses enfants. Ce raisonnement ne
touchait pas le Premier Consul, et pour une fois, il prit la
défense des faibles en revendiquant le droit de l'enfant.
« C'est un principe constant, disait-il, que le père doit des
aliments à tous ses enfants. Cette obligation va jusqu'à
marier sa fille, car elle ne peut former d'établissement que
par le mariage, tandis que les garçons s'établissent de
beaucoup d'autres manières. » (1). On sait cependant que
Napoléon ne transigeait pas sur les questions d'autorité.

Nous professons le plus grand respect pour la puissance
paternelle, et c'est avec regret que nous la verrions affaiblir.
Magistrature universelle, se transmettant de génération
en génération comme un flambeau qui ne s'éteint jamais,
éducatrice et protectrice de l'homme, elle est le socle de
l'édifice social, taillé dans l'œuvre indestructible de la
nature. Mais nous ne pensons pas pour cela qu'elle soit
un dogme ne comportant ni dérogation ni contrôle. Tout
pouvoir absolu est dangereux et engendre des abus. Pour
justifier celui-ci, il faudrait d'abord supposer qu'il n'y a
que des parents exerçant avec justice leur autorité. Or, dès
l'an X, Malleville pouvait dire « qu'on ne peut mettre
toujours l'équité du côté des pères et l'injustice du côté des
enfants, car il existe des pères sordides et injustes. » (2).

(1) Locré, *loc. cit.*, p. 453.
(2) Locré, *loc. cit.*, p. 452 et 456.

S'il en est toujours de même aujourd'hui, comme on peut le supposer sans être taxé d'exagération, rien n'est plus raisonnable que de protéger les enfants contre l'aveuglement ou l'entêtement de leurs parents.

L'Allemagne, l'Italie, n'ont pas hésité à imposer à la puissance paternelle un correctif salutaire, en faisant les tribunaux juges du refus de consentement. Ce retour partiel à la loi Julia par l'introduction d'un contrôle dans l'exercice de l'autorité paternelle, est incontestablement la négation du droit absolu des parents. Les père et mère ne sont plus les maîtres souverains qu'institue notre Code civil, leur volonté est sujette à discussion, leur caprice ne fait plus loi. Or, nous n'allons pas jusqu'à demander un tel abaissement de la puissance paternelle.

L'action en constitution de dot n'enlèverait rien au droit des parents sur le mariage de leurs enfants, car il suffirait de l'accorder à ceux qui auraient accompli leur majorité matrimoniale. Jusqu'à cet âge le pouvoir des ascendants resterait intact. Mais après la majorité, l'autorité paternelle sur le mariage s'efface, puisqu'elle n'est plus représentée que par le vain oripeau de l'acte respectueux. Il n'y aurait donc rien de changé au régime du Code civil ; seulement, dès le jour où par l'effet de la majorité, les parents ne pourraient plus empêcher légalement le mariage, ils n'auraient pas davantage le pouvoir de l'arrêter indirectement et de paralyser le droit de l'enfant, en lui refusant, par caprice ou par un sordide intérêt, les moyens de s'établir.

La constitution de dot est une obligation naturelle comme celle de fournir des aliments. La première doit être inscrite dans la loi comme la seconde, afin que le père trop avare puisse être contraint à doter ses enfants comme il peut l'être à les nourrir.

A ces raisons si justes, si humaines, Tronchet se bornait à répondre que l'action en constitution de dot « gênerait le père, l'embarrasserait et le forcerait de rompre ses spéculations. » (1). Il oubliait que les parents sont habitués à se gêner pour leurs enfants ; que, dans tous les cas, c'est un devoir pour eux d'aider à triompher des difficultés de la vie ceux auxquels ils ont donné le jour.

Craindrait-on l'intervention du juge dans les querelles domestiques, ou l'obligation pour les parents de divulguer leur situation de fortune et l'état de leurs affaires ? Hélas ! Les tribunaux sont appelés, tous les jours, à juger des procès autrement dangereux pour l'honneur des familles. Cet inconvénient pourrait être, du reste, facilement évité en soumettant l'action en constitution dotale à la juridiction de la Chambre du conseil. Enfin, comme sous l'ancien droit, ces procès seraient probablement très rares (2).

On objectait aussi que, pour échapper aux poursuites de leurs enfants, les parents pourraient dénaturer leur fortune et la mettre en portefeuille. N'est-ce pas une crainte chimérique de plus ? Il nous paraît plus vraisemblable que, lorsque les parents n'auront pas de motifs sérieux de résistance, ils se décideront volontairement plutôt que de se laisser poursuivre. Si, au contraire, leur refus est justifié, ils iront devant les tribunaux, confiants dans leur impartialité et leur justice.

(1) Locré, *loc. cit.*, p. 448.
(2) Locré, *loc. cit.*, p. 458.

IV. — Le Code civil prohibe le mariage entre beau-frère
et belle-sœur ; mais le Président de la République peut
lever cette prohibition lorsqu'il existe des causes graves.
(Art. 162 et 164 C. civ.) Dans la pratique, on ne se montre
pas très exigeant sur la gravité des motifs à l'appui de la
demande de dispense. S'il y a des enfants, c'est leur intérêt
qui est mis en avant ; s'il n'y en a pas, on invoque l'estime
et l'affection réciproques, la communauté d'intérêts, le désir
de s'aider mutuellement, etc. La dispense est presque toujours accordée, et nous ne connaissons que peu de cas
de refus. Les mœurs s'accommodent d'ailleurs parfaitement de ces mariages, l'opinion publique leur est favorable, et souvent elle prépare elle-même des unions de ce
genre, les souhaite et les annonce avant que les intéressés
y aient songé. Enfin, il arrive quelquefois que l'époux mourant recommande ce mariage à son conjoint. On peut
donc dire ici que les mœurs ont devancé les lois et que
la modification de l'article 162 sur ce point ne ferait que
consacrer un usage unanimement approuvé.

La loi du 20 septembre 1792 autorisait ces mariages, et
la commission chargée de la rédaction du Code civil avait
proposé de maintenir cette disposition. Mais le projet rencontra une vive opposition de la part du Conseil d'Etat, qui
le repoussa. Portalis en donna une singulière raison, tirée
de « la nécessité de prévenir la corruption des mœurs qui
se glisse facilement à la suite des communications fami-
lières, lorsque le mariage peut en effacer la honte. » (1).
Le mariage artisan d'immoralité ! N'est-ce pas plutôt là où

____

(1) Locré, *loc. cit.*, p. 164.

le mariage est impossible que naissent les relations illicites, et ne savons-nous pas que, trop souvent, les demandes de dispense sont motivées par l'état de grossesse de la future ? La moralité publique n'aurait donc qu'à gagner à la liberté du mariage entre beau-frère et belle-sœur, ainsi qu'elle existe en Allemagne, en Autriche, en Portugal, en Suisse et au Canada.

V. — En Angleterre, le second mariage est dispensé du consentement des parents, le premier ayant entraîné l'émancipation. Ne pourrait-il pas en être de même chez nous ?

Il est permis, en effet, de supposer que celui qui a été déjà engagé dans les liens d'un précédent mariage et a été chef de famille, a suffisamment conscience de la responsabilité qu'il encourt en convolant en secondes noces, pour qu'il puisse le faire en toute liberté.

VI. — Nous avons déjà dénoncé le luxe de publications de mariage qu'exige le Code civil, et nous avons vu que, dans certains cas, il peut être nécessaire d'en faire jusqu'à seize.

N'y a-t-il pas là un abus criant et méritant d'être corrigé ? La loi belge du 31 décembre 1891 a heureusement modifié sur ce point les dispositions du Code civil. Elle a réduit à une seule les deux publications précédemment exigées, tout en maintenant le délai de dix jours entre la publication et la célébration du mariage. Les époux ont le droit de faire la publication et de procéder à la célébration dans la commune où l'un d'eux a son domicile ou sa résidence, sans qu'aucune durée leur soit imposée ; toutefois, si le domicile actuel n'a pas une durée de six mois, les parties doivent faire une publication supplémentaire au lieu du domicile précédent, quelle qu'en ait été la durée ; et si la résidence actuelle a une durée moindre de six mois, cette publication supplémentaire est faite au domicile, quelle qu'en soit la durée. Pour des raisons graves, le procureur du roi peut dispenser le futur de toute publication et de tout délai. Enfin, est abrogé l'article 168 (C. civ.) d'après lequel le mariage doit être publié au lieu du domicile de ceux qui doivent donner leur consentement. *(Ann. légis. étr.*, 1891, p. 603 et s.) Rien ne s'opposerait à ce que ces dispositions libérales fussent également introduites dans la législation française.

VII. — La loi du 20 juin 1896 a assimilé aux jugements contradictoires les jugements par défaut donnant mainlevée des oppositions au mariage. Mais elle a laissé subsister la faculté généralement admise, de renouveler sous une autre cause, l'opposition rejetée par les tribunaux. Or, il est évident que cette seconde édition n'est pas autre chose qu'un moyen dilatoire, un simple prétexte pour faire un nouveau procès. Si l'opposant a plusieurs motifs d'agir, il doit les faire connaître dans son opposition, et il est inadmissible qu'il les réserve pour en faire l'objet d'autant d'oppositions successives. S'il fait autrement, c'est uniquement pour traîner les choses en longueur, ce que la loi ne saurait tolérer. Après le rejet d'une première opposition, les juges peuvent bien ordonner l'exécution provisoire du jugement de mainlevée de la seconde ; mais quels délais, quelle perte de temps avant d'en arriver là ! Il nous paraîtrait donc raisonnable de n'autoriser qu'une seule opposition au mariage.

VIII. — Enfin, nous souhaiterions que l'enfant naturel non reconnu et celui qui, après l'avoir été, a perdu ses père et mère, ou dont les père et mère ne peuvent manifester leur volonté, fussent autorisés à contracter mariage, jusqu'à l'âge de vingt et un ans révolus, avec le consentement du conseil de famille, au lieu de celui d'un tuteur *ad hoc.* (Art. 159, C. civ.)

Vainement on soutiendrait que l'enfant naturel n'a d'autres parents que ses père et mère, et qu'on ne peut concevoir la réunion de son conseil de famille. En fait, le tuteur *ad hoc* est nommé par un conseil composé de personnes connues pour avoir eu des relations habituelles d'amitié avec le père ou la mère des mineurs. On ne voit donc pas l'utilité de déléguer à un mandataire spécial, le pouvoir de consentir au mariage, alors que le conseil pourrait facilement donner ce consentement. C'est le conseil de famille qui est appelé à consentir au mariage du mineur dont les ascendants sont décédés ou incapables de manifester leur volonté. (Art. 160, C. civ.) Il devrait en être de même pour l'enfant naturel (1).

Quelques-unes de ces mesures paraîtront peut-être bien radicales. Elles sont nécessaires pour réagir vigoureusement contre l'abandon de l'union conjugale. Les espérances que nous avions fait concevoir au début de cette étude, ont été cruellement démenties par les dernières statistiques. Le nombre des mariages a été, en 1895, de 282.918, au lieu

(1) Valette sur Proudhon, t. I, p. 399, note *a*, I.

de 286.662 en 1894 ; celui des divorces a été de 6.743, au lieu de 6.419. Le nombre des naissances a été de 834.173, en 1895, au lieu de 855.388 en 1894. Il y a donc eu 3.744 mariages de moins, tandis qu'il a été prononcé 324 divorces de plus. Enfin, le nombre des naissances a fléchi de 21.215, et l'année 1894 était déjà inférieure de 19.000 à l'année précédente. Sauf l'année 1871, la natalité de 1895 est la plus faible qui ait été constatée depuis le commencement du siècle.

Le chiffre des décès, en 1895, ayant été de 851.986 au lieu de 815.620 en 1894, les décès l'emportent de 17.815 unités sur les naissances (1).

Il est inutile d'insister sur des résultats aussi affligeants. Que deviendrait la France si le mal n'était pas enrayé ? On frémit en pensant que, tandis que la population tarit chez nous, elle s'élève rapidement chez nos voisins, menaçant gravement notre sécurité, notre prospérité et notre existence même. L'heure est venue d'agir énergiquement, de dépouiller les préjugés, de cesser de s'hypnotiser sur le passé ; et, puisque le but à atteindre est la multiplication des naissances, il importe de favoriser la constitution des familles en ouvrant toutes larges les portes du mariage. Nos pères de 1792 avaient compris que le mariage doit être un acte facile à accomplir, exempt de lenteurs et de formalités inutiles. Espérons que leurs leçons ne seront pas perdues.

(1) *Journ. off.* du 15 mars 1897. *Le Temps* du 17 mars 1897.

ANNEXES

ANNEXE I

Circulaire de M. le Garde des Sceaux.

(23 juillet 1896).

Mariage. — Loi du 20 juin 1896. — Acte de consentement reçu par l'officier de l'état civil. — Unique acte respectueux. — Visa des certificats d'indigence par les juges de paix.

Monsieur le Procureur général,

Le nombre des mariages subit, en France, d'année en année, une diminution qui est de nature à faire naître les plus graves préoccupations. La loi du 20 juin 1896 a pour objet de remédier à cette fâcheuse situation qui a été attribuée, en partie, à la complication des formalités dont le Code civil entoure le mariage : d'une part, elle simplifie les règles relatives au consentement ou au conseil à solliciter des ascendants ; d'autre part, elle complète la loi du 10 décembre 1850, en vue d'assurer aux indigents les plus grandes facilités.

Une première amélioration consiste dans la faculté qui est donnée aux pères, mères ou aïeuls et aïeules de recourir non plus seulement à un notaire, dont la résidence peut être éloignée, mais aussi à l'officier de l'état civil de leur domicile, pour

faire dresser acte de leur consentement au mariage de leurs
enfants ou descendants. Ils peuvent ainsi éviter des déplacements qui sont toujours une cause de retard.

Dans cette matière, les officiers de l'état civil sont assimilés
par la loi aux notaires. Il convient, par suite, que les actes qu'ils
seront appelés à recevoir soient passés dans les mêmes conditions de forme que ceux de même nature reçus par les notaires.
Il y a donc lieu d'exiger la présence de deux témoins. L'acte
sera dressé en brevet; toutefois, pour permettre un contrôle qui
aura son utilité, il sera tenu, dans chaque mairie, un registre
sur lequel les actes de consentement seront mentionnés sommairement avec un numéro d'ordre. La signature de l'officier
de l'état civil sera légalisée par le président du tribunal ou concurremment par le président et le juge de paix, dans les conditions requises par la loi du 2 mai 1861.

L'article 73 du Code civil indique que l'acte de consentement
contiendra les prénoms, noms, professions et domiciles du futur
époux et de tous ceux qui auront concouru à l'acte, ainsi que
leur degré de parenté. Cette disposition a besoin d'être complétée : le consentement ne saurait être, en effet, donné utilement qu'en vue d'un mariage à contracter avec une personne
déterminée et qui doit être désignée dans l'acte ; l'autorisation
de se marier donnée, en termes généraux, par des parents à un
enfant, n'aurait aucune valeur et ne pourrait pas être admise.

L'acte reçu par un officier de l'état civil est délivré sans frais;
il est soumis, seulement, aux droits de timbre et d'enregistrement; dans le cas prévu par la loi du 10 décembre 1850, il est
visé pour timbre et enregistré gratis. C'est aux parties intéressées qu'il appartient d'accomplir les démarches nécessaires
pour obtenir l'enregistrement. Toutefois, je ne saurais trop
recommander aux officiers de l'état civil de les faire bénéficier,
dans ce cas comme dans tous les autres, des facilités qu'il est
possible de leur accorder. Les maires rendraient un service
précieux à leurs administrés en se chargeant de faire procéder
à la formalité de l'enregistrement, moyennant le versement
préalable du montant des droits à la caisse municipale.

La matière des actes respectueux n'est plus réglée que par

les articles 151 modifié et 154 du Code civil. Désormais, même pour les fils, de vingt-cinq à trente ans accomplis, et pour les filles, de vingt et un à vingt-cinq ans accomplis, un seul acte respectueux suffit. A défaut de consentement sur l'acte respectueux, il peut être passé outre, un mois après, à la célébration du mariage.

Les mises en demeure successives exigées par le Code n'avaient, le plus souvent, d'autre résultat que de rendre plus aigu le dissentiment entre les parents et les enfants. A ce premier inconvénient, venait se joindre le retard apporté, sans utilité, à la célébration du mariage.

L'article 3 de la nouvelle loi place, sous l'article 162 du Code civil, une disposition qui fait exception à la règle écrite dans l'article 148. En cas de dissentiment entre parents divorcés ou séparés de corps, le consentement de la mère suffira à cette double condition que le divorce ou la séparation de corps ait été prononcé à son profit et qu'elle ait obtenu la garde de l'enfant. C'est alors, en effet, la mère qui est le mieux à même d'apprécier les avantages de l'union projetée.

L'article 155 du Code civil comprend trois paragraphes nouveaux dont le texte est la reproduction de l'avis du Conseil d'Etat du 4 thermidor an XIII, avec une légère modification qui lui donne une portée qu'il n'avait pas autrefois. Cette modification a été introduite dans la partie du texte destinée à régler la situation des futurs époux qui ne peuvent produire soit l'acte de décès des ascendants dont le consentement ou le conseil est requis, soit la preuve de leur absence, faute de connaître leur dernier domicile. En pareil cas, lit-on dans l'avis du Conseil d'Etat. « *Il peut être procédé* à la célébration du mariage des « majeurs sur leur déclaration... » L'officier de l'état civil avait donc le droit d'appréciation et il en usait quelquefois pour refuser de célébrer le mariage, afin de se mettre à l'abri de toute responsabilité. Le texte nouveau renferme une formule impérative : « *Il sera procédé* à la célébration... » Il en résulte qu'en dehors du cas où il apparaîtrait que les futurs époux ne sont pas sincères et veulent faire fraude à la loi, l'officier de l'état civil sera tenu de célébrer leur mariage sur leur déclaration, faite sur la foi du serment et appuyée par celle des quatre témoins, que le lieu du décès et celui du dernier domicile de leurs ascendants leur sont inconnus.

L'article 4 de la loi substitue au texte ancien de l'article 153 du Code civil une disposition qui facilite le mariage de ceux dont les ascendants subissent la peine de la relégation ou sont maintenus aux colonies, en conformité de l'article 6 de la loi du 30 mai 1854. Les futurs époux restent alors libres, mais il ne leur est plus imposé d'obtenir le consentement ou de solliciter le conseil de leurs ascendants.

Enfin, l'article 179 du Code civil est complété par une disposition qui porte que les jugements et arrêts par défaut rejetant des oppositions à mariage ne sont pas susceptibles d'opposition. S'il n'existe aucune raison plausible d'empêcher le mariage projeté, la loi ne veut pas qu'on puisse le retarder par des moyens dilatoires.

La loi nouvelle s'est préoccupée d'une façon toute spéciale du mariage des indigents.

Elle range les actes respectueux dans la catégorie de ceux compris dans l'article 4 de la loi du 10 décembre 1850, qui doivent être visés pour timbre et enregistrés gratis.

Elle prescrit la gratuité absolue des actes respectueux et des actes de consentement à l'égard des officiers publics qui les recevront. Cette disposition, quelque absolue qu'elle soit, comporte toutefois une exception pour le cas où la notification d'un acte respectueux obligerait un notaire à se transporter à plus d'un myriamètre de sa résidence ; on ne saurait lui faire supporter les frais occasionnés par son transport et il est en droit de les réclamer à la partie intéressée. Les notaires apporteront toujours dans leurs réclamations la plus grande modération. Il existe dans le notariat des traditions qui me dispensent d'insister sur ce point.

Le bénéfice de la loi du 10 décembre 1850 n'est acquis que moyennant la production du certificat d'indigence délivré dans les formes et dans les conditions prévues par l'article 6.

On s'est demandé s'il n'y avait pas lieu de supprimer la nécessité du visa donné par le juge de paix. On a allégué que l'accomplissement de cette formalité entraînait des inconvénients qui n'étaient compensés par aucun avantage sérieux ; les parties intéressées sont obligées, en effet, de se transporter au chef-lieu du canton lorsqu'elles n'y résident pas, et c'est pour elles une source de dépenses et une perte de temps ; même lorsqu'elles habitent un chef-lieu, elles sont encore souvent obligées de sacrifier une journée pour se présenter devant le juge de paix.

Cette question, débattue à la Chambre des députés au cours de la discussion de la loi du 20 juin 1896, a été tranchée dans le sens du maintien du visa du juge de paix. Mais le gouvernement a promis de prendre des mesures pour rendre aussi simple que possible l'accomplissement de cette formalité.

Désormais, au lieu de remettre le certificat d'indigence à la personne qu'il concerne, le maire ou le commissaire de police qui aura dressé cette pièce, l'enverra, par la poste, au juge de paix, en y joignant le certificat négatif ou l'extrait du rôle délivré par le percepteur. Après avoir apposé, s'il y a lieu, son visa sur le certificat d'indigence, le juge de paix renverra, par la même voie, les pièces à la mairie ou au commissariat de police, où elles seront tenues à la disposition des intéressés. Cette double transmission aura lieu sans frais ; les maires et les commissaires de police, d'une part, et le juge de paix de leur canton, d'autre part, jouissent entre eux de la franchise postale pour la correspondance qui intéresse leurs services.

Les juges de paix doivent remplir avec le plus grand soin le contrôle que la loi leur confie et ne donner leur visa qu'en complète connaissance de cause ; il importe d'empêcher les fraudes ou les complaisances qui seraient préjudiciables pour le Trésor. Il peut être indispensable, pour leur permettre de se renseigner, qu'ils fassent venir auprès d'eux la partie intéressée. Nous ne saurions en ce cas les détourner de ce mode d'investigation, mais ils ne devront y avoir recours qu'à titre exceptionnel ; ils ne perdront jamais de vue qu'il convient d'éviter, autant que possible, des déplacements à des personnes pour lesquelles une perte de temps entraîne une perte de salaire.

Je vous prie, Monsieur le Procureur général, de prendre des

mesures en vue d'assurer dans votre ressort l'exécution des instructions contenues dans cette circulaire dont je vous transmets des exemplaires en nombre suffisant pour tous vos substituts.

Recevez, Monsieur le Procureur général, l'assurance de ma considération très distinguée.

Le Garde des Sceaux, Ministre de la Justice,

J. DARLAN.

ANNEXE II

CIRCULAIRE DU PROCUREUR DE LA RÉPUBLIQUE PRÈS LE TRIBUNAL DE LA SEINE AUX MAIRES DU DÉPARTEMENT.

(10 novembre 1896).

Mariage. — Application de la loi du 20 juin 1896.

MONSIEUR LE MAIRE,

En vous annonçant, dans ma circulaire du 6 juillet dernier, la promulgation d'une importante loi du 20 juin 1896 qui touche sur plusieurs points essentiels à la législation du mariage, je vous priais « de me signaler les difficultés que les premières applications de cette loi feraient naître, et, en général, tous les points, qui, dans la nouvelle législation, vous sembleraient appeler quelques explications. »

J'ai reçu de MM. les maires de Paris et du département de la Seine, à la suite de cette invitation, un assez grand nombre de communications relatives à la loi nouvelle et aux difficultés que sa mise en vigueur avait fait apparaître. Je me propose de vous indiquer ici les solutions que me paraissent comporter quelques-unes de ces difficultés. La loi du 20 juin 1896 porte modification des articles 73, 151, 152, 153 et 179 du Code civil et de l'article 4 de la loi du 10 décembre 1850. Vous en trouverez ci-après le texte :

I

DES ACTES DE CONSENTEMENT A MARIAGE

Art. 73. — L'acte authentique du consentement des père et mère ou aïeuls et aïeules, ou, à leur défaut, celui de la famille, contiendra les prénoms, noms, professions et domiciles du futur époux et de tous ceux qui auront concouru à l'acte, ainsi que leur degré de parenté.

Hors le cas prévu par l'article 160, cet acte de consentement pourra être donné, soit devant un notaire, soit devant l'officier de l'état civil du domicile de l'ascendant, et, à l'étranger, devant les agents diplomatiques ou consulaires français.

Jusqu'en 1896, l'article 73 du Code civil était interprété en ce sens que l'acte authentique du consentement des ascendants au mariage de leurs descendants ne pouvait être consigné que dans un acte notarié. S'inspirant du précédent créé en Belgique par une loi de 1887, mais à l'usage des indigents seulement, et en étendant le bénéfice à tous, le nouveau texte autorise les officiers de l'état civil à recevoir, concurremment avec les notaires, les actes de consentement. Cette attribution nouvelle conférée aux municipalités est une des conséquences de la loi nouvelle les plus intéressantes au point de vue pratique; c'est un des points sur lesquels j'ai reçu le plus grand nombre de demandes d'éclaircissements et de conseils.

Compétence de l'officier de l'état civil. — Vous remarquerez d'abord qu'à la différence des notaires, qui ont qualité pour dresser acte de tout consentement formulé dans le ressort de leur compétence, sans distinction à établir suivant le domicile ou la résidence du déclarant, l'officier de l'état civil n'est compétent qu'autant que l'ascendant qui requiert son ministère, est lui-même *domicilié* sur le territoire de la commune. J'estime cependant que le mot *domicile* peut être ici interprété conformément à l'article 74 du Code civil, en sorte que le consentement pourrait être valablement reçu soit par l'officier de l'état civil du lieu où l'ascendant a son *domicile* réel, soit par celui du lieu où l'ascendant justifie d'une résidence continue de six mois au moins.

Transport de l'officier de l'état civil. — Si l'ascendant dont le consentement est sollicité, ne peut pas, par suite de maladie ou d'infirmités, se transporter à la maison commune, il n'y a pas d'obstacle à ce que l'officier de l'état civil se rende auprès de lui pour recueillir l'expression de sa volonté, pourvu, bien entendu, que cet ascendant se trouve dans les limites du territoire de la commune.

Forme des actes. — Sur la forme des actes de consentement, M. le Garde des Sceaux s'exprime ainsi qu'il suit, dans une circulaire du 23 juillet 1896 · « Dans cette matière, les officiers de l'état civil sont assimilés par la loi aux notaires. Il convient, par suite, que les actes qu'ils seront appelés à recevoir soient passés dans les mêmes conditions de forme que ceux de même nature reçus par les notaires. Il y a donc lieu d'exiger la présence de deux témoins. L'acte sera dressé en brevet ; toutefois, pour permettre un contrôle qui aura son utilité, il sera tenu, dans chaque mairie, un registre sur lequel les actes de consentement seront mentionnés sommairement avec un numéro d'ordre. La signature de l'officier de l'état civil sera légalisée par le président du tribunal ou concurremment par le président et le juge de paix, dans les conditions prévues par la loi du 2 mai 1861. »

L'assimilation faite entre ces actes et les actes notariés ne peut pas aller cependant jusqu'à leur rendre applicables les articles 8, 9 et 10 de la loi du 25 ventôse an XI, qui défendent aux notaires d'instrumenter dans les actes intéressant certains membres de leur famille, et qui établissent d'une façon assez étroite les règles relatives à la capacité des témoins. Il me paraît certain que la capacité des témoins employés pour l'acte de consentement reçu par un officier de l'état civil doit se déterminer, non d'après les prescriptions de la loi sur le notariat, mais d'après celles de l'article 37 du Code civil, qui fixe les conditions à remplir pour figurer comme témoin dans un acte de l'état civil.

Identité des parties et des témoins. — Les témoins appelés dans ce cas sont plutôt des témoins certificateurs que des témoins instrumentaires ; leur participation est requise en prévision surtout du cas où les comparants ne seraient pas connus personnellement de l'officier de l'état civil : c'est qu'en cette matière, surtout dans les grandes villes, les fraudes sont aisées, et les suppositions de personnes fort à redouter. Ainsi donc, lorsque l'ascendant ou celui qui se présentera comme tel, lorsque les témoins eux-mêmes ne seront pas connus de l'officier de l'état civil, il agira toujours prudemment en exigeant des uns comme des autres, pour mettre sa responsabilité à couvert, la production de pièces d'identité, telles que livrets militaires, livrets de famille, cartes d'électeur, diplômes universitaires, quittances de loyer ou de contributions, patentes, etc.

Timbre et enregistrement. — Les actes de consentement reçus par les officiers de l'état civil sont assujettis, comme ceux des notaires, à la double formalité du timbre et de l'enregistrement ; mais les parties qui ont justifié de leur indigence, conformément à la loi du 10 décembre 1850, sont dispensées du payement effectif des droits. « C'est aux parties intéressées, dit la circulaire ministérielle, qu'il appartient d'accomplir les démarches nécessaires pour obtenir l'enregistrement. Toutefois, je ne saurais trop recommander aux officiers de l'état civil de les faire bénéficier, dans ce cas comme dans tous les autres, des facilités qu'il est possible de leur accorder. Les maires rendraient un service précieux à leurs administrés en se chargeant de faire procéder à la formalité de l'enregistrement, moyennant le versement préalable du montant des droits à la caisse municipale ».

Désignation du futur conjoint. — On a toujours considéré, bien que le texte de l'article 73 ne s'explique point à cet égard, que l'acte de consentement doit désigner clairement la personne avec laquelle l'enfant ou descendant est autorisé à contracter mariage. La Chancellerie, qui s'était déjà prononcée à cet égard dans une circulaire du 29 novembre 1852, vient de confirmer sa décision dans les termes suivants : « Le consentement ne saurait être donné utilement qu'en vue d'un mariage à contracter avec une personne déterminée et qui doit être désignée dans l'acte ; l'autorisation de se marier, donnée en termes généraux par des parents à un enfant, n'aurait aucune valeur et ne pourrait pas être admise. »

Pour répondre au vœu qui m'est exprimé, vous trouverez ci-annexée une formule d'acte de consentement.

II

ACTES RESPECTUEUX

Art. 151. — Les enfants de famille ayant atteint la majorité fixée par l'article 148 sont tenus, avant de contracter mariage, de demander, par acte respectueux et formel, le conseil de leur père et de leur mère ou celui de leurs aïeuls et aïeules lorsque leurs père et mère sont décédés ou dans l'impossibilité de manifester leur volonté.

Il pourra être, à défaut de consentement sur l'acte respectueux, passé outre, un mois après, à la célébration du mariage.

Réduction à un seul du nombre des actes respectueux. — Aux termes des articles 151, 152 et 153 anciens, tout fils majeur de 25 ans, toute fille majeure de 21 ans étaient tenus, avant de contracter mariage, de solliciter le conseil de leurs père et mère, à défaut celui de leurs aïeuls et aïeules. Lorsqu'il s'agissait d'un fils de 25 à 30 ans, d'une fille de 21 à 25 ans, et que le mariage n'était pas bénévolement approuvé par les ascendants, le conseil était requis par trois actes respectueux, qui étaient réitérés de mois en mois, et il devait s'écouler un mois au moins entre le dernier acte respectueux et la célébration du mariage. Un seul acte suffisait, lorsque l'enfant requérant avait accompli, si c'était un fils, sa 30e année, si c'était une fille, sa 25e année ; mais, dans ce cas encore, le mariage ne pouvait être célébré qu'un mois au plus tôt après l'acte respectueux unique.

Frappé de l'inutilité de la réitération des actes respectueux, et sans aller jusqu'à supprimer l'obligation de demander conseil, le législateur a fondu dans le nouvel article 151 toutes les dispositions qui régissent la matière, et a réduit dans tous les cas à un seul le nombre des actes respectueux.

Calcul du délai d'un mois. — Le délai d'un mois qui doit s'écouler entre l'acte respectueux et la célébration du mariage se calcule de quantième à quantième, de telle sorte que l'acte respectueux ayant été notifié le 19 mai, le mariage peut être célébré le 19 juin. Ce délai n'est d'ailleurs qu'un minimum.

Consentement donné sur l'acte respectueux. — Donné sur l'acte respectueux, et constaté par le notaire dans son procès-verbal, le consentement est ainsi relaté dans un acte authentique, qui rend inutile toute autre justification, et autorise la célébration immédiate du mariage.

III

DISSENTIMENT ENTRE DES PARENTS DIVORCÉS OU SÉPARÉS

Art. 152. — *S'il y a dissentiment entre des parents divorcés ou séparés de corps, le consentement de celui des deux époux au profit duquel le divorce ou la séparation aura été prononcé et qui aura obtenu la garde de l'enfant, suffira.*

Ce texte entièrement nouveau a pour objet de créer une dérogation à la règle de l'article 148, aux termes duquel, « en cas de dissentiment, le consentement du père suffit. » La dérogation n'existe qu'au cas où, le divorce ou la séparation de corps ayant été prononcé au profit de la *mère*, la garde de l'enfant lui a été confiée, car lorsque ces deux conditions se trouvent réunies en faveur du *père*, l'article 152 ne fait qu'appliquer le droit commun. Vous remarquez aussi que la règle du nouvel article 152 n'a d'utilité que pour ce qui concerne le mariage des mineurs ; s'il s'agit de majeurs, en cas de résistance soit du père soit de la mère, il est toujours possible de passer outre à la suite d'un acte respectueux.

Nécessité de la réunion des deux conditions. — Les deux conditions prévues par l'article 152 doivent se trouver réunies, pour qu'en cas de dissentiment, la prépondérance appartienne à la mère. Il en résulte que lorsque la séparation de corps ou le divorce a été prononcé à la requète des deux époux et contre chacun d'eux, la règle commune de l'article 148 conserve toute sa puissance. Il faut ensuite que la garde de l'enfant ait été confiée à la mère ; l'article 152 n'est donc pas applicable, toutes les fois que, le divorce ayant été prononcé au profit de la femme, la garde de l'enfant est laissée au mari ou remise à un tiers.

Constatation du dissentiment. — Il faudra dans tous les cas que le père ait été consulté, et que le dissentiment soit constaté formellement. Sous l'empire de l'article 148, l'usage s'est établi dans quelques mairies d'accepter comme pièces justificatives du dissentiment un exploit d'huissier, notifié à la requète du père à la mère, et dans lequel la réponse faite par celle-ci est rapportée. Cette pratique me paraît contraire à l'esprit de la loi, qui, dans aucun cas, ne veut que les huissiers aient qualité pour inviter un ascendant à s'expliquer sur le mariage projeté par un de ses descendants, et qui leur substitue les notaires chaque fois qu'il s'agit de semblables questions. Il y a donc lieu de décider, sous l'empire du nouvel article 152, comme à propos de l'article 148, que le dissentiment ne peut être constaté qu'au moyen d'un acte respectueux dressé dans la forme prescrite par l'article 154 du Code civil ; cet acte, lorsqu'il s'agira d'indigents, sera exempté de tous droits, frais et honoraires. Mais, si l'on peut emprunter à la législation des actes respectueux les règles relatives à la forme même de l'acte, rien n'autoriserait à lui emprunter, dans ce cas, la règle de l'article 151 *in fine,* suivant laquelle un délai d'un mois doit s'écouler entre l'acte respectueux et la célébration du mariage.

Le consentement du père étant, dans le cas de l'article 152, requis en principe, sauf à passer outre après la constatation du dissentiment, il s'ensuit que des publications doivent être faites au domicile de ce père, conformément à l'article 168 du Code civil.

Justification à faire. — L'enfant qui se prévaut de ce que le consentement de sa mère suffit pour qu'il soit passé outre à la célébration du mariage, justifie de cette prétention en produisant une expédition de la transcription du jugement ou de l'arrêt qui a prononcé le divorce ou une grosse du jugement ou de l'arrêt de séparation de corps. Lorsqu'il n'aura été statué que postérieurement sur la garde de l'enfant, celui-ci en justifiera par la production d'une grosse du jugement ou de l'arrêt relatif à la question. La pièce produite sera annexée à l'acte de mariage, conformément à l'article 44 du Code civil. Cependant, lorsqu'il s'agira d'une grosse, comme il est facile de prévoir que la mère ne voudra pas se dessaisir d'un document qui constituera son titre, vous pourrez vous contenter de la signification qui vous aura été faite par huissier de ce document, et c'est la copie dûment certifiée par l'huissier qui restera annexée au registre.

Le consentement de la mère est-il indispensable ? — La difficulté suivante m'a été signalée : l'article 152 dit bien que dans les circonstances qu'il prévoit, et en cas de dissentiment, le consentement de la mère « suffira ». Mais il ne dit pas si ce consentement sera indispensable, alors même que le père aurait donné le sien, en un mot, si la législation nouvelle prive l'enfant confié après divorce à la garde de sa mère du droit de se marier, conformément au droit commun, avec le seul consentement de son père.

M. le Garde des Sceaux a été consulté sur cette délicate question : il résulte de sa décision que le législateur s'est uniquement proposé de donner la prépondérance à l'avis de la mère dans le cas où le père refuserait son consentement. Une loi faite dans le but spécial de rendre le mariage plus facile n'a pas pu avoir pour conséquence d'y créer au contraire un obstacle. Ainsi, dans tous les cas où le père consent au mariage projeté, ce consentement suffit suivant la règle du droit commun.

IV

ASCENDANT RELÉGUÉ OU MAINTENU AUX COLONIES

Art. 153. — *Sera assimilé à l'ascendant dans l'impossibilité de manifester sa volonté l'ascendant subissant la peine de la réléga-*

tion ou maintenu aux colonies en conformité de l'article 6 de la loi du 30 mai 1854 sur l'exécution de la peine des travaux forcés. Toutefois, les futurs époux auront toujours le droit de solliciter et de produire à l'officier de l'état civil le consentement donné par cet ascendant.

Application au mariage des mineurs. — L'impossibilité où peut se trouver un ascendant de manifester sa volonté, impossibilité qui autorise l'enfant à se contenter pour son mariage du consentement d'une autre personne ou même à se passer de tout consentement, se trouve prévue dans les articles 149, 150 et 160 du Code civil, qui s'occupent du mariage des mineurs, ainsi que dans l'article 151, exclusivement relatif aux majeurs. Il me paraît évident que le texte de l'article 153 a une portée d'interprétation générale, et qu'il peut être appliqué dans tous les cas où les mots : « impossibilité de manifester sa volonté » sont employés par le législateur. C'est d'ailleurs ce que la circulaire ministérielle a admis implicitement en formulant l'alternative suivante : « Les futurs époux restent libres, mais il ne leur est plus imposé *d'obtenir le consentement ou de solliciter le conseil* de leurs ascendants. »

Dispense de produire le consentement de l'ascendant. — Les condamnés à la réclusion ou aux travaux forcés étant frappés d'interdiction légale sont pendant toute la durée de leur peine dans l'impossibilité de manifester leur volonté ; il n'en était pas de même jusqu'ici du relégué ni de celui qui, condamné aux travaux forcés, était maintenu dans la colonie après l'expiration de sa peine, en sorte que si la déchéance de la puissance paternelle n'avait pas été une conséquence forcée de sa condamnation, ou que cette mesure n'eût pas été prise contre lui en exécution de l'article 2, § 1, de la loi du 24 juillet 1889, l'enfant ou le descendant restait dans l'obligation de solliciter le consentement ou de requérir le conseil de ce condamné, avant de contracter mariage. Le nouvel article 153 a pour objet de l'en dispenser. Le descendant justifiera à l'officier de l'état civil de la situation pénale de l'ascendant par la production d'un extrait de jugement ou d'arrêt, qui restera annexé à l'acte de mariage.

Faculté de le produire. — Le descendant n'est jamais d'ailleurs tenu de faire cette production. L'intention de la loi a été de faciliter le mariage ; elle n'a pas été d'atteindre le condamné, et, dès lors, si, en fait, le consentement de celui-ci avait été demandé et obtenu, il devrait être joint aux pièces. Le consentement ainsi donné par un père relégué ou maintenu aux colonies prévaudrait, en cas de dissentiment, sur la volonté contraire de la mère et rendrait inutile, si la mère était décédée, toute intervention des ascendants ou de la famille.

V

DÉCÈS OU DISPARITION DES ASCENDANTS

Art. 155. — *En cas d'absence de l'ascendant auquel eût dû être fait l'acte respectueux, il sera passé outre à la célébration du mariage, en représentant le jugement qui aurait été rendu pour déclarer l'absence, ou, à défaut de ce jugement, celui qui aurait ordonné l'enquête, ou, s'il n'y a point encore eu de jugement, un acte de notoriété délivré par le juge de paix du lieu où l'ascendant a eu son dernier domicile connu. Cet acte contiendra la déclaration de quatre témoins appelés d'office par le juge de paix.*

Il n'est pas nécessaire de produire les actes de décès des père et mère des futurs mariés lorsque les aïeuls ou aïeules pour la branche à laquelle ils appartiennent attestent ce décès ; et, dans ce cas, il doit être fait mention de leur attestation dans l'acte de mariage.

Si les ascendants dont le consentement ou conseil est requis sont décédés et si l'on est dans l'impossibilité de produire l'acte de décès ou la preuve de leur absence, faute de connaître leur dernier domicile, il sera procédé à la célébration du mariage des majeurs sur leur déclaration à serment que le lieu du décès et celui du dernier domicile de leurs ascendants leur sont inconnus.

Cette déclaration doit être certifiée aussi par serment des quatre témoins de l'acte de mariage, lesquels affirment que, quoiqu'ils connaissent les futurs époux, ils ignorent le lieu du décès de leurs

*ascendants et de leur dernier domicile. Les officiers de l'état civil
doivent faire mention, dans l'acte du mariage, des dites déclarations.*

Caractère obligatoire de la disposition. — L'ancien texte de
l'article 155 du Code civil forme sans modification le paragraphe
1er du nouvel article. Les paragraphes suivants sont empruntés
à l'avis du Conseil d'Etat du 4 thermidor an XIII, qui est incor-
poré désormais au texte de la loi, mais avec une modification
qui fait que les dispositions en sont désormais obligatoires
pour les officiers de l'état civil : « En dehors du cas, dit la circulaire du 23 juillet 1896, où il apparaîtrait que les futurs époux
ne sont pas sincères ou veulent faire fraude à la loi, l'officier de
l'état civil sera tenu de célébrer leur mariage sur déclaration
faite sur la foi du serment et appuyée par celle des quatre
témoins, que le lieu du décès et celui du dernier domicile de
leurs ascendants leur sont inconnus. »

Application au mariage des mineurs. — La question s'est
posée de savoir si la production d'un acte de notoriété et les
diverses déclarations prévues par les paragraphes 2, 3 et 4 de
l'article 155 suffisent pour autoriser l'officier de l'état civil, lorsqu'il s'agit du mariage d'un mineur, à se contenter du consen-
ment des personnes qui ne sont appelées à le donner qu'à
défaut de celle dont la disparition est attestée. Je me prononce
pour l'affirmative. Les articles 149, 150 et 160, relatifs au mariage
des mineurs, autorisent l'officier de l'état civil à passer outre
lorsque l'ascendant est « dans l'impossibilité de manifester sa
volonté » ; or, l'absence de l'ascendant est certainement l'une
des causes qui justifient le plus l'application de cette disposition, et on ne peut mieux faire, pour établir la disparition de
l'ascendant, que d'user par analogie des moyens énoncés dans
l'article 155.

Celui-là seul des deux futurs est tenu de faire la déclaration
prescrite par l'article 155 (§§ 3 et 4) qui aurait eu besoin de consentement ou de conseil, si l'ascendant eût été présent ; mais
sa déclaration doit être confirmée sous serment par les quatre
témoins du mariage.

Production des actes de décès. — Le paragraphe 2 ne doit point être entendu en ce sens que l'attestation des aïeuls ou aïeules dispenserait les futurs conjoints de produire les actes de décès de leurs père et mère, lorsque le lieu du décès sera connu e qu'il sera possible de se procurer les actes. La production des actes est la façon normale et régulière de prouver le décès, et la dispense ne peut être accordée qu'autant que cette production est impossible, soit parce que l'existence de l'ascendant est incertaine, soit parce que le décès étant notoire, le lieu n'en est pas connu, soit enfin parce que l'acte n'a pas été dressé. Dans ce dernier cas, l'attestation des aïeuls ou aïeules dispense lo dooooandant do rocourir à la formalité d'un jugement pour faire rétablir l'acte de décès.

Constatation du décès des ascendants dans les actes de décès des père et mère. — Les actes de l'état civil ne font preuve que de ce qu'ils sont destinés à constater. Il en résulte que la mention faite aux actes de décès des père et mère du décès préalable des grands-parents ne dispense pas le futur époux de produire les actes de décès de ces derniers. Mais lorsqu'il n'est pas possible de se procurer ces actes, la mention faite dans les actes de décès des père et mère ne peut que servir à rendre plus vraisemblable la déclaration sous serment du futur conjoint confirmé par les témoins du mariage. Je ne puis que rappeler à ce propos ce que vous écrivait un de mes prédécesseurs, dans une circulaire du 25 juin 1874, où il recommandait l'application de l'avis du Conseil d'Etat du 4 thermidor an XIII : « En l'appliquant avec discernement, disait-il, on peut éviter aux parties bien des recherches inutiles et souvent dispendieuses. Dans la ville de Paris surtout, il faut largement tenir compte des causes multiples qui séparent les membres d'une même famille. Des exigences trop sévères fausseraient l'intention du législateur qui a voulu faciliter les mariages. A plus forte raison, lorsque la preuve du décès des ascendants résulte d'actes produits, vous ne devez pas hésiter à passer outre à la célébration du mariage, alors que les parties intéressées ne pourraient vous représenter les actes de décès eux-mêmes. »

VI

DES MAINLEVÉES D'OPPOSITION

Art. 179. — *Les jugements et arrêts par défaut rejetant les oppositions à mariage ne sont pas susceptibles d'opposition.*

Les jugements par défaut qui donnent mainlevée d'oppositions à mariage demeurent susceptibles d'appel ; l'article 178 du Code civil n'a pas été abrogé, en effet, et l'emploi dans le nouveau texte de l'article 179 des mots : « Arrêts par défaut » semble bien démontrer que le droit d'appel subsiste. L'appel interjeté oblige l'officier de l'état civil à surseoir à la célébration du mariage ; mais le simple délai d'appel, qui est de deux mois, n'est pas suspensif.

L'article 449 du Code de procédure civile, suivant lequel « aucun appel d'un jugement non exécutoire par provision ne pourra être interjeté dans la huitaine, à dater du jour du jugement », et l'article 450 du même Code, qui porte que « l'exécution des jugements non exécutoires par provision sera suspendue pendant ladite huitaine », sont applicables dans la matière. Il faut en dire autant de l'article 147 du Code de procédure, en vertu duquel aucun jugement ne peut être exécuté, à peine de nullité, sans avoir été signifié préalablement à avoué, s'il y en a un dans la cause, et, en tout cas, à personne ou à domicile. Au contraire, l'article 155 du Code de procédure civile, aux termes duquel « les jugements par défaut ne sont pas exécutés avant l'échéance de la huitaine de la signification à avoué, s'il y a eu constitution d'avoué, et de la signification à personne ou à domicile, s'il n'y a pas eu constitution d'avoué... », ne peut plus recevoir d'application. Cette disposition était corrélative, en effet, au droit d'attaquer les jugements par défaut par la voie de l'opposition, et, ce droit étant supprimé désormais dans le cas prévu par l'article 179 du Code civil, les jugements par défaut sont assimilés de tous points aux jugements contradictoires.

De tout ce qui précède, il résulte que lorsque la grosse d'un jugement de mainlevée, que ce jugement soit contradictoire ou

par défaut, vous sera représentée, vous pourrez passer outre à la
célébration du mariage, sous la double condition que les originaux des exploits de signification vous auront été représentés
également, et qu'il se sera écoulé huit jours au moins depuis le
prononcé du jugement. A l'opposant, dûment mis en demeure
par la signification du jugement de mainlevée, il ne restera
qu'une ressource pour retarder le mariage, qui sera d'interjeter
appel et de vous dénoncer cet appel, auquel cas vous serez
tenu de surseoir jusqu'à l'arrêt de la Cour.

VII

MARIAGES D'INDIGENTS

*Loi du 10 décembre 1850, art. 4. — Les extraits des registres
de l'état civil, les actes de notoriété, respectueux, de consentement,
de publications, de délibérations du conseil de famille, les certificats de libération du service militaire, les dispenses pour cause de
parenté, d'alliance ou d'âge, les actes de reconnaissance des enfants
naturels, les actes de procédure, les jugements et arrêts dont la
production sera nécessaire dans les cas prévus par l'article 1er,
seront visés pour timbre et enregistrés gratis, lorsqu'il y aura lieu
à enregistrement.*

*Il ne sera perçu aucun droit de greffe ni aucun droit de sceau
au profit du Trésor sur les minutes et originaux, ainsi que sur
les copies ou expéditions qui en seraient passibles.*

*L'obligation du visa pour timbre n'est pas applicable aux publi-
cations civiles ni aux certificats constatant la célébration civile du
mariage.*

*Les actes respectueux comme les actes de consentement seront
exempts de tous droits, frais et honoraires, à l'égard des officiers
ministériels qui les recevront ; il en sera de même pour les actes
de consentement reçus, à l'étranger, par les agents diplomatiques
ou consulaires français.*

L'innovation consiste ici dans ce fait que les actes respectueux peuvent désormais, en cas d'indigence, être visés pour

timbre et enregistrés gratis, et que, dans le même cas, les actes respectueux, comme les actes de consentement, sont exempts, à l'égard des officiers ministériels qui les reçoivent, de tous droits, frais et honoraires.

Pièces enregistrées gratis. — On peut citer encore parmi les pièces qui sont enregistrées gratis, lorsqu'elles sont produites pour un mariage d'indigents : 1° les expéditions des actes de reconnaissance d'enfants naturels, levées en vue d'arriver à la légitimation des dits enfants ; 2° la première expédition de la transcription d'un jugement de divorce.

Les droits d'expédition restent dus. — Le paragraphe 2 de l'article 4 ne dispense les minutes et expéditions des actes produits à l'appui d'un mariage d'indigents que des droits de greffe et de sceau perçus au profit du Trésor public, c'est-à-dire des impôts proprement dits. Mais la loi de 1896 n'a pas abrogé l'article 5 de la loi de 1850 qui fixe « la taxe des expéditions des actes de l'état civil requises pour le mariage des indigents, quels que soient les détenteurs de ces pièces, à 30 centimes lorsqu'il n'y aura pas lieu à légalisation, à 50 centimes lorsque cette dernière formalité devra être accomplie ».

Actes reçus par les officiers de l'état civil. — Pour ce qui concerne la dispense d'honoraires, la loi ne parle que des actes reçus par les officiers ministériels. Les actes de consentement reçus par les officiers de l'état civil sont dans tous les cas délivrés sans frais. C'est un principe général, en effet, que les actes de l'état civil sont rédigés gratuitement, et les actes de consentement étant toujours dressés en brevet, il ne peut pas être question d'un droit d'expédition.

Visa du juge de paix sur les certificats d'indigence. — Aux termes de l'article 6, § 2, de la loi de 1850, les certificats d'indigence doivent être visés et approuvés par le juge de paix. La suppression de ce visa, dont l'utilité a été contestée, avait été proposée au cours des travaux préparatoires de la loi du 20 juin 1896 ; la formalité a été maintenue sur la promesse d'une interprétation qui l'empêchât d'être pour les parties intéressées une cause de lenteurs et de frais. La circulaire du 23 juillet 1896 s'attache, ainsi qu'il suit, à réaliser cette promesse : « Désormais, au lieu de remettre le certificat d'indigence à la personne qu'il concerne, le maire ou le commissaire de police qui aura dressé cette pièce l'enverra, par la poste, au juge de paix, en y joignant le certificat négatif ou l'extrait du rôle délivré par le percepteur. Après avoir apposé, s'il y a lieu, son visa sur le certificat d'indigence, le juge de paix renverra, par la même voie, les pièces à la mairie ou au commissariat de police, où elles seront tenues à la disposition des intéressés. Cette double transmission aura lieu sans frais ; les maires et les commissaires de police, d'une part, et le juge de paix de leur canton, d'autre part, jouissent entre eux de la franchise postale pour la correspondance qui intéresse le service. » Vous voudrez bien, dans la limite de vos attributions, vous conformer à ces instructions.

D'après son titre même, la loi du 20 juin 1896 a pour objet de modifier « plusieurs dispositions légales relatives au mariage dans le but de le rendre plus facile. » N'est-ce pas dire que dans la pensée des auteurs de cette loi, la législation sur le mariage doit être interprétée avec largeur et libéralisme, sans rien sacrifier sans doute des garanties dont notre Code civil a jugé nécessaire d'entourer l'institution du mariage, mais aussi en se gardant d'une disposition d'esprit qui, si elle tendait à multiplier inutilement les formalités imposées par la loi, risquerait de détourner du mariage les hésitants qu'une difficulté rebute et les pauvres pour qui une perte de temps équivaut à une perte de salaire ?

Il y a là une question de mesure qui fait du service de l'état civil une des plus délicates parmi vos importantes attributions ; mais, en cas de difficulté, vous me trouverez toujours disposé à vous prêter mon concours. N'hésitez pas à consulter mon parquet, qui s'empressera de répondre comme par le passé à toutes les questions que vous voudrez bien lui adresser. Laissez-moi seulement vous prier de toujours remettre aux parties que vous m'enverrez une note sommaire, une indication rédigée même dans la forme la plus brève, mais résumant la question qui vous aura arrêté. « Il est absolument nécessaire, disait à ce propos la circulaire déjà citée du 25 juin 1874, que cet usage soit observé désormais ; car les solutions que je vous indique sur les déclarations souvent inexactes et obscures que me font les parties peuvent ne pas résoudre la difficulté que vous avez entrevue. » Cette recommandation est trop souvent oubliée pour que je n'appelle pas de nouveau toute votre attention sur son importance.

Agréez, Monsieur le Maire, l'assurance de ma considération très distinguée.

Le Procureur de la République,

ATTHALIN.

ANNEXE

MODÈLE D'ACTE DE CONSENTEMENT

L'an mil huit cent quatre-vingt . . . . . , le . . . . . , devant nous *(nom et prénoms)*, maire et officier de l'état civil de la commune de . . . . . ,

(Si l'acte de consentement est reçu par un adjoint, on écrira : adjoint au maire de la commune de . . . . . remplissant par délégation du maire, *ou* à raison de l'absence *ou* de l'empêchement du maire les fonctions d'officier de l'état civil.)

(Si l'acte de consentement est reçu par un conseiller municipal, on écrira : conseiller municipal de la commune de . . . . . remplissant à raison de l'absence *ou* de l'empêchement du maire, de l'adjoint et des conseillers municipaux le précédant dans l'ordre du tableau, les fonctions d'officier de l'état civil.)

Ont comparu M. *(nom, prénoms et profession)* et Madame *(nom, prénoms et profession)*, son épouse, demeurant avec lui en cette commune *(s'il y a lieu, rue . . . . . , nº . . . . .)* ;

Lesquels nous ont déclaré consentir au mariage que leur fils, M. *(nom, prénoms, âge, profession et domicile)* se propose de contracter avec Mademoiselle *(nom, prénoms, âge, profession et domicile)* ;

En présence de MM. *(noms, prénoms, âges, professions et domiciles)*, témoins qui ont attesté à l'officier de l'état civil soussigné les noms, états et capacité civile des déclarants qu'ils ont affirmé connaître parfaitement ;

Et nous avons signé, après lecture, avec les déclarants et les témoins.

(Suivent les signatures.)

NOTA

I. Il importe que les noms, prénoms, âges, professions et domiciles des déclarants et des futurs époux soient toujours orthographiés correctement et énoncés d'une façon assez exacte pour qu'aucun doute ne puisse subsister sur leur identité, et qu'il ne s'élève pas de difficultés au moment de la célébration du mariage.

II. L'acte doit être dressé sur papier timbré et enregistré ; cependant, lorsque le futur conjoint justifie de son indigence conformément à la loi du 10 décembre 1850, l'acte de consentement peut être visé pour timbre et enregistré gratis. Aucun délai n'est imparti pour l'enregistrement ; mais la formalité doit être remplie avant qu'il ne soit fait usage du consentement pour le mariage.

La formalité de l'enregistrement ne peut s'accomplir valablement qu'au bureau du receveur dans la circonscription duquel l'acte a été dressé (Loi du 22 frimaire an VII, art. 26, nos 1 et 3) ; mais les officiers de l'état civil, aussi bien celui qui a reçu le consentement que celui qui doit célébrer le mariage, peuvent prêter leur concours aux intéressés pour l'accomplissement de cette formalité, surtout lorsqu'il s'agit d'indigents et de l'enregistrement qui s'effectue gratis. Dans ce dernier cas, le procureur de la République prête lui-même son concours pour la correspondance en franchise (Loi du 10 décembre 1850, art. 1er).

ANNEXE III

ACTE DE CONSENTEMENT AU MARIAGE

Loi du 20 Juin 1896

L'an mil.................................. et le ....

Devant nous ....

Maire de la commune d .... ,

officier de l'état civil,

A *ou* ont comparu (1) ....

....

....

Lequel *ou* lesquels par ces présentes a *ou* ont déclaré consentir au mariage que (2) ....

....

....

se propose de contracter avec (3) ....

....

....

En foi de quoi nous avons dressé et délivré cet acte en présence de (4) ....

....

....

Fait en Mairie d ...., les jour, mois et an susdits, et, après lecture faite, nous avons signé avec les comparants et les témoins (5).

Les comparants :　　*Les témoins :*　　*Le Maire,*

(1) Nom, prénoms, âge, domicile et profession de *ou* des ascendants.
(2) Nom, prénoms, domicile, profession, lieu et date de naissance de l'enfant.
(3) Nom, prénoms, domicile, profession, lieu et date de naissance du futur conjoint.
(4) Noms, prénoms, domiciles, professions et âges des témoins.
(5) Si les comparants ne savent pas signer, en faire mention.

ANNEXE IV

RÉPERTOIRE

Des Actes de Consentement à Mariage.

NUMÉRO D'ORDRE	Noms, prénoms, âges, professions, domiciles des ascendants	Nom, prénoms, âge, profession, domicile de l'enfant	Nom, prénoms, âge, profession, domicile du futur conjoint	DATE du consentement	OBSERVATIONS

TABLE

CHAPITRE I

De la forme du consentement.

ARTICLE PREMIER

CHAPITRE II

De l'acte respectueux.

ARTICLE 2

CHAPITRE III

Du consentement des père et mère divorcés ou séparés.

ARTICLE 3

CHAPITRE VI

Du mariage des indigents.

ARTICLE 6

CHAPITRE VII

Des oppositions au mariage.

ARTICLE 7

CHAPITRE VIII

Application de la loi à l'Algérie et aux colonies.

CHAPITRE IX

ANNEXES

FIN